새로운 교육과정에 의한

사회복지현장실습

새로운 교육과정에 의한

사회복지현장실습

이상민 · 유주희 · 김기명 · 강영숙 · 이덕희 · 김홍록 공저

SOCIAL WELFARE FIELD PRACTICE

동문사

머리말

2019년 8월 사회복지사 자격제도 관련 사회복지사업법 시행규칙이 일부 개정되었다. 이를 통해 2020년 1월 1일부터는 사회복지사 자격증 취득을 위한 이수교과목 증가와 실습기관 지정제를 통한 양질의 현장실습기관 운영 등 현장실습 과목 운영관련 규정이 강화되어 시행되었다. 이제 새롭게 사회복지사업법 시행규칙의 개정 시행을 계기로 현장실습의 중요성을 깨닫고, 사회복지 학문의 근간을 다시 세우는 계기가 마련되기를 바란다.

본서는 이러한 실습교육의 중요성이 강조되는 시기에 예비 사회복지사에게 새로운 교육과정에 맞게 실습의 전반적인 준비사항과 진행과정, 실습일지 작성 방법 등을 한 권으로 끝낼 수 있도록 지원하려고 한다. 이를 통해 실습생은 현장실습에 대한 기본사항과 사회복지기관의 현장실습을 통해 학습해야 하는 전반적인 사항을 실습지도자에게 질문하며, 실습을 통해 사회복지사로서 현장에서 실무능력을 갖춘 준비된 사회복지사가 될 것이다.

본서는 1권과 2권으로 나눠 구성되어 있다.

제1권에서는 실습교육에 대한 이론적인 사항을 중심으로 총 3부 제10장으로 구성하였다.

제1부 사회복지현장실습의 이해 제1장은 사회복지현장실습 선행과정의 학습을 통해 현장실습을 위한 기본적인 준비를 이해하게 된다. 제2장 사회복지현장실습의 개요와 제3장 사회복지현장실습의 역할과 자세를 통해 사회복지현장실습의 기본적인 사항으로 실습교육에 대한 목적과 실습규정 그리고 실습생의 역할을 제시하였다. 제4장에서는 실습 중에 부딪힐 수 있는 문제와 해결방안을 제시하였다. 제5장은 사회복지현장실습 진행과정의 학습을 통해 학교 실습세미나와 실습 진행에 대한 전반적인 사항의 학습을 통해 현장실습교육의 기본적인 학습이 이루어질 수 있도록 정리하였다.

제2부 사회복지현장실습 서류 작성의 이해에서는 제6장 실습일지 작성의 이해와 제7장 실습보고서 작성의 이해를 통해 기본적인 실습 관련 서류를 작성할 수 있는 능력을 갖게 된다. 제8장 슈퍼비전의 이해를 통해서는 실습지도자의 슈퍼비전에 대해 이해할 수 있으며, 이를 통해 실습현장에서 사회복지사의 역할과 능력에 대해 다시 한 번 생각하며 이론 과목에서 배운 내용의 실천방법을 실행하는 능력을 갖게 된다.

제3부 사회복지현장의 이해에서는 제9장 사회복지시설에 대한 이해와 제10장 사회복지실천과 윤리의 이해를 통해 사회복지현장에 대한 전반적인 학습과 사회복지실천 윤리강령을 학습하며, 사회복지현장에서 사회복지사의 역할 수행 중 발생할 수 있는 윤리적 딜레마에 대해 대처할 수 있는 능력을 갖게 될 것이다.

제2권에서는 실습준비 및 실습 진행을 위한 현장실습일지와 관련 서류 등으로 구성되어 있다. 이를 통해 전반적인 실습과정에 대한 준비서류부터 최종 종결평가보고서까지 직접 작성이 가능하며, 실습 종결 후 즉시 마무리가 가능하게 하였다. 이를 통해 실습생들은 현장실습을 체계적으로 이해할 수 있으며, 학교에 제출하는 서류도 빠짐없이 준비할 수 있게 된다.

본서는 사회복지현장에서 체험한 실무 경험과 실습지도를 바탕으로 하여, 이전에 출판된 사회복지 관련 교재 인용과 더 나아가 현장실습지침을 통해 작성되어 저자 개인의 독창적인 이론이나 학설이 없다는 점은 부끄러운 점이다. 다만, 현장실습 과목 강의와 실습생 지도를 해오면서 학생들의 실습기관 선정의 어려운 점과 실습진행 및 보고서 작성제출에 관한 모든 진행상황을 정리한 것은 나름대로의 성과라 생각한다.

아무쪼록 본서와 각 대학의 사회복지현장실습과목 세미나 수업을 통해 예비 사회복지사로서의 역할과 사회복지사의 전문성에 대해 생각해보는 시간이 되기를 바란다.

2021년 2월
저자 일동

차 례

머리말 / 5

Part 01 사회복지현장실습의 이해

Chapter 01 사회복지현장실습 선행과정 / 13

01 실습 선수과목 이수 여부와 확인 ··· 13
02 실습기관 및 실습기관 선정 ··· 14
03 현장실습 진행 절차 ··· 15
04 실습시간 및 유형 ··· 16

Chapter 02 사회복지현장실습의 개요 / 19

01 사회복지현장실습의 개념 ··· 19
02 현장실습과 실습교육의 목적 ··· 20
03 사회복지현장실습의 과업과 목표 ··· 21
04 현장실습의 유형 ··· 25

Chapter 03 사회복지현장실습의 역할과 자세 / 31

01 실습기관의 역할과 자세 ··· 31
02 교육기관(학교)의 역할 ··· 34
03 실습생의 역할과 자세 ··· 36

Chapter 04 실습생이 부딪힐 문제와 해결방안 / 39

01 실습생 개인문제 ··· 39
02 윤리적 딜레마와 관련된 대처방안 ··· 41

Chapter 05 사회복지현장실습 진행과정 / 45

01 준비 과정 45
02 초기 과정 48
03 중간 과정 49
04 종결 및 평가단계 50

Part 02 사회복지현장실습 서류 작성의 이해

Chapter 06 실습일지 작성의 이해 / 55

01 실습일지 작성의 목적 55
02 실습일지 작성 방법 55
03 실습일지 작성 예시 56

Chapter 07 실습보고서 작성의 이해 / 59

01 실습신청서 59
02 실습지도계획서 61
03 사회복지현장실습 지도기록서 62
04 실습기관 분석보고서 63
05 실습중간평가서 66
06 실습종결평가서 68
07 실습평가서 72
08 실습확인서 75

Chapter 08 슈퍼비전의 이해 / 77

01 슈퍼비전의 개념과 기능 77
02 실습 슈퍼비전의 방법 78
03 슈퍼바이저에 대한 이해 80

Part 03

사회복지현장의 이해

Chapter 09 사회복지시설에 대한 이해 / 83

01 사회복지시설의 개념 ········ 83
02 사회복지시설의 종류와 관련법 ········ 86
03 사회복지사의 역할과 활동분야 ········ 88

Chapter 10 사회복지실천과 윤리의 이해 / 93

01 사회복지윤리 ········ 93
02 사회복지실천윤리와 윤리적 딜레마 ········ 94
03 윤리적 딜레마에 대한 결정원칙과 대처방안 ········ 96
04 사회복지사윤리강령의 이해 ········ 99

참고문헌 / 105

찾아보기 / 107

PART 01

사회복지현장실습의 이해

Chapter 1

사회복지현장실습 선행과정

사회복지 교과목 이수 여부 및 확인 →	사회복지현장실습 과목 수강신청 →	실습기관 선정 →	매주(15주) 세미나 수업 참석 (주 2시간/총 30시간)	사회복지현장실습 (160시간)	→ 실습 160시간 이수 / 15주 세미나 참석완료	→ 성적취득

01 실습 선수과목 이수 여부와 확인

사회복지현장실습과목의 수강을 준비하는 학생은 **표 1-1**을 확인하여 실습이수 전에 선수과목을 이수했는지 확인하여야 한다. 학점은행제를 통해 사회복지현장실습과목을 수강하고자 할 경우에는 국가평생교육진흥원에서 제시한 규정을 반드시 지켜야 한다. 사회복지 기초과목 중에 4과목과 선택과목 2과목 이상을 성적 취득한 경우에만 다음 학기 실습과목 수강 및 실습을 이수할 수 있다.

표 1-1 실습 선수과목 이수지침

구분	국가평생교육진흥원[1]	한국사회복지사협회[2]	비고
선수과목 이수지침	사회복지사 자격증 필수과목중 4개과목 이상 이수자만 수강 가능. (사회복지학개론[3], 사회복지법제와 실천[4], 사회복지실천기술론, 사회복지실천론, 사회복지정책론, 사회복지조사론, 사회복지행정론, 인간행동과 사회환경, 지역사회복지론)	교육기관에서 지정하는 실습 전 선수과목을 이수하되, 아래 과목 중심으로 4과목 이상 이수 권장. (사회복지학개론, 사회복지실천기술론, 사회복지실천론, 사회복지정책론, 사회복지조사론, 인간행동과 사회환경, 지역사회복지론, 사회복지윤리와 철학, 프로그램개발과 평가 등)	평생교육진흥원의 실습 선수과목이수 지침은 필수적으로 지켜야 하며, 한국사회복지사의 지침은 실습기관 및 실습교육기관의 상황에 맞춰 활용할 수 있다.
	사회복지사 자격증 선택과목중 2개과목 이상 이수자만 수강가능. (사회복지윤리와철학, 프로그램개발과 평가, 가족복지론, 아동복지론 등) ※ 선수과목 이수 현황관련 서류(실습생 프로파일, 선수과목 이수증명서류 등)는 2년간 보관함	실습기관의 기준에 따라 아래 과목 중심으로 2과목 이상 이수 권장. (노인복지론, 장애인복지론, 아동복지론, 청소년복지론, 가족복지론, 여성복지론, 학교사회복지론, 의료사회사업론, 정신보건사회복지론 등)	

02 실습기관 및 실습기관 선정

1) 실습기관

사회복지현장실습은 사회복지사업법 제2조 제1호[5]에 따른 사회복지사업과 관련된 법인·시설, 기관 및 단체로서 보건복지부 인증된 기관[6]에서 실습을 진행할 수 있다. 실습기관에는 반드시 법적기준[7]에 의한

1) 국가평생교육진흥원의 사회복지현장실습 지침은 '학점인정 등에 관한 법령 및 학점인정 등에 관한 운영규정'에 따라 사회복지현장실습 교과목의 운영에 필요한 사항을 정함을 목적으로 제정되어 2012년 7월 1일 시행, 2014년 9월 일부 개정되었다.
2) 한국사회복지사협회의 사회복지현장실습 지침은 2006년 한국사회복지교육협의회의 사회복지학 교과목 지침서를 통해 제시되었다. 본 지침은 ① 실습지도자(사회복지사 자격증 취득 후 사회복지사 1급은 3년 이상의 실무경력과 사회복지사 2급은 5년 이상의 실무경력이 있는 상근직원 실습지도가 가능함 ② 실습기관(사회복지사업법 제2조 제1호에 따른 사회복지사업과 관련된 법인·시설, 기관 및 단체로서 실습기관으로 선정된 기관) ③ 실습시간(20일 / 160시간 이상. 이수학점 3학점) ④ 세미나 수업 15회(회당 2시간 이상) 실시이다.
3) 사회복지학개론 교과목은 사회복지개론과 동일교과목이다.
4) 사회복지법제와 실천 교과목은 사회복지법제론과 동일교과목이다.
5) '사회복지사업'이란 다음의 법률에 따른 보호·선도(善導) 또는 복지에 관한 사업과 사회복지상담, 직업지원, 무료 숙박, 지역사회복지, 의료복지, 재가복지(在家福祉), 사회복지관 운영, 정신질환자 및 한센병력자의 사회복귀에 관한 사업 등 각종 복지사업과 이와 관련된 자원봉사활동 및 복지시설의 운영 또는 지원을 목적으로 하는 사업을 말한다.
   법률에는 국민기초생활보장법, 아동복지법, 노인복지법, 장애인복지법, 한부모가족지원법, 영유아보육법, 성매매방지 및 피해자보호 등에 관한 법률, 정신건강증진 및 정신질환자 복지서비스 지원에 관한 법률, 성폭력방지 및 피해자보호 등에 관한 법률, 입양특례법, 일제하 일본군위안부 피해자에 대한 생활안정지원 및 기념사업 등에 관한 법률, 사회복지공동모금회법, 장애인·노인·임산부 등의 편의증진 보장에 관한 법률, 가정폭력방지 및 피해자보호 등에 관한 법률, 농어촌주민의 보건복지증진을 위한 특별법, 식품등 기부 활성화에 관한 법률, 의료급여법, 기초연금법, 긴급복지지원법, 다문화가족지원법, 장애인연금법, 장애인활동 지원에 관한 법률, 노숙인 등의 복지 및 자립지원에 관한 법률, 보호관찰 등에 관한 법률, 장애아동 복지지원법, 발달장애인 권리보장 및 지원에 관한 법률, 청소년복지 지원법이다.
6) 보건복지부의 위탁으로 한국사회복지사협회에서는 사회복지현장실습기관 선정제도를 실시하고 있으며, 2020년 1월 1일부터의 모든 사회복지현장실습기관은 선정된 기관에서 실시된 실습만 인정이 된다.
7) 실습지도자 법적기준에는 사회복지사 자격증 1급을 소지한 자로서 3년 이상 또는 사회복지사 2급 자격증을 소지한 자로서

실습지도자가 2인 이상 상근직으로 재직하고 있어야만 실습 기관이 될 수 있다.

한국사회복지사협회에서 제시한 지침서에 의하면 실습기관 사례로는

① 사회복지사업법에 따른 사회복지법인·사회복지시설

② 사회복지사업과 관련된 기관 및 단체

㉠ 사단법인·재단법인 : 관청의 허가를 받은 단체로 사회복지사업을 목적으로 하는 비영리단체

㉡ 공공기관 : 지방자체단체, 자원봉사단체 등

③ 사회복지서비스를 제공하는 병원, 상담소, 학교, 교정기관, 조사연구기관, 시민사회단체 등이 있다.

2) 실습기관 선정

사회복지현장 실습 실습생은 상황에 따라 실습생이 직접 실습기관을 정할 수 있으나, 실습기관 선정 전에 담당교수와의 상담을 통해 확인할 사항을 체크하여야 한다. 실습기관 선정에 있어 꼭 확인해야 할 사항으로는 사회복지현장실습 선정기관인지를 체크해야 한다. 실습기관 요건에 대해 확인이 완료되면, 실습기관에 문의하여 실습기간 중 실습지도자 1인의 실습생 지도가능인원이 초과되지 않는지를 한 확인 한 후 교육기관에 의뢰하여 실습기관에 실습의뢰 공문 발송을 요청한다.

사회복지현장실습 기관 선정된 기관인지 확인 →	실습지도자 1인 실습생 지도인원 체크 →	실습지도자와 실습기간 협의 →	교육기관에 실습의뢰공문 작성 및 실습진행기관으로 공문 발송요청

03 현장실습 진행 절차

사회복지현장 실습 진행은 교육기관에 수강신청을 한 후 오리엔테이션에 참석하여 실습관련 사항을 숙지하는 것으로부터 시작된다. 오리엔테이션에서 실습지도 교수로부터 실습 진행 관련 사항을 잘 숙지하여 실습기관을 선정하고 실습을 진행한 후에 실습관련 서류를 제출하게 되면 실습 진행이 마무리된다. 주의할 점은 2020년 1월 1일 이후부터 사회복지관련 교과목을 이수하기 시작한 학생은 실습과목 세미나 수업[8] 15주와 실습시간이 160시간이 적용된다.

5년 이상 사회복지사업의 실무경험이 있는 자이다.

8) 1회당 2시간 이상의 실습 세미나를 총15회 이상 실시해야 한다. 단, 온라인 교육을 실시하는 교육기관의 실습 세미나에는 대면방식의 세미나가 총3회 이상 포함되어야 한다. 한 세미나에 참여하는 학생 수는 30명 이내 가능하다.

주의사항	단계	비고
주의사항 : 선수과목 이수 확인	사회복지현장실습과목 수강신청	
주의사항 : 학교 지침에 따라 실습기관 선정 및 실습일정 협의	↓ 오리엔테이션 참석	
주의사항 : 실습의뢰 공문발송 및 실습의뢰 수락서 받고 실습시작하기	↓ 실습기관 선정	실습기관 및 기간 등 실습지도교수에게 보고
주의사항 : 법적 이수시간 체크(20일 / 160시간 이상[9]), 실습지도교수 실습기관 방문지도	↓ 실습 진행	• 세미나 15주 수업 참석 • 실습일지 작성(자세하게) • 실습지도자로부터 실습지도 받기
주의사항 : 실습일지에 실습지도자, 실습기관장 확인도장 확인	↓ 실습 종료	• 실습확인서 및 평가서 • 실습관련 서류 확인 • 학교 제출 자료 마무리
	↓ 실습 발표 수업	• 학교 실습관련 서류 제출 • 종강

그림 1-1 현장실습 진행절차

04 실습시간 및 유형

사회복지현장실습은 사회복지사업법 시행규칙 제3조 별표1의 규정에 의해 160시간 이상(3학점)을 이수해야 한다. 일반적으로 1일 실습 시간은 8시간을 초과하지 않아야 하며 20일(160시간)이 기본 실습일정이 된다. 실습기관 및 학생의 사정에 따라 학기 중 실습 또는 방학 중 실습, 그리고 직장인을 위한 주말 실습의 형태 중에 선택하여 이수가 가능하다. 먼저, 학기 중 실습은 주당 12시간이상을 실습기관에 출석하여 최소 160시간 이상 실습시행하며, 방학 중 실습은 주당 40시간 주 5회 실습기관에 출석하여 최소 160시간 이상을 실습하는 방법이다. 직장인을 위한 주말 실습과정은 토·일 주당 16시간의 실습기관에 출석하여 최소 160시간 이상 실습을 진행하는 과정이다.

9) 구법 적용자(2020년 1월 1일전에 사회복지관련 과목 이수를 시작한 자)의 경우에는 실습 15일/120시간 이상을 이수하면 된다.

표 1-2 학기 중 실습과 방학 중 실습 비교

실습 시기	주당 이수시간	실습 최종 이수시간
학기 중 실습 (실습기관, 실습생의 상황에 따라 일정 조정가능)	12시간(1~2일)	160시간 이상(13주 이상)
	40시간(5일)	160시간 이상(4주 이상)
방학 중 실습	40시간(5일)	160시간 이상(4주 이상)
주말 직장인 실습	16시간(2일)	160시간 이상(10주 이상)

참고) ① 현장실습은 1일 최소 4시간이상 실시해야 하며 식사시간은 실습시간으로 인정되지 않는다.
② 실습생 본인의 직장에서의 실습진행은 불가능하다.
③ 실습지도자와 실습지도교수가 동일한 경우 실습진행이 불가능하다.
④ 실습지도자가 상근직이어야 하며, 실습지도자의 근로기준법상의 근무시간에만 실습지도가 가능하다.

Chapter 2

사회복지현장실습의 개요

현장실습은 전문적인 교육을 실시하는 분야에서 이루어지고 있는 중요한 교육과정의 하나이다. 즉, 사회복지학뿐만 아니라 의학, 간호학, 교육학 등의 전문직에서 교육과정의 핵심적인 부분으로 필수 이수과목으로 운영되고 있다. 사회복지현장실습을 통해 현재 사회복지학 전공 또는 사회복지사 자격증을 취득하려는 학생은 그동안 학교 교육을 통해 학습한 사회복지의 분야별 실천원칙, 가치, 윤리, 특정지식과 과학적인 실무기술들을 현장실습 과목을 통해 실천현장에서 실제상황에 적용시키며 실무경험을 하게 되는 것이다.

이는 사회복지사 자격취득에 있어 가장 중요한 학습과목으로 사회복지현장의 실천분야 중에 본인의 적성도 찾을 수 있으며 더 나아가 실습기관에 취업을 하는 계기가 되기도 한다.

01 사회복지현장실습의 개념

사회복지현장실습은 실천학문으로서 사회복지학의 역사와 함께 하는 필수적인 교육과정이며, 대학에서 제공하는 교과과정이면서도 사회복지실천현장에서 이루어지는 것을 기본으로 하고 있다. 이러한 특성으로 인해 학계와 현장이 함께 책임을 져야 하는 특수한 교과목인 것이다(한국사회복지사협회, 2005). 따라서, 사회복지실습슈퍼비전은 실습지도자가 실습생이 하는 일에 대해 책임을 지고 지켜보며 가르치는 일로 일에 대한 감시나 감독이 아니라 교육하고 훈련하고 지도하고 지원하는 교육 및 지도의 형태여야 하며, 전문가로서 성장을 할 수 있도록 교육하는 형태여야 한다(양옥경 외, 2017).

이를 종합하여 요약하여 보면, 사회복지현장실습은 학교에서 배운 이론적 지식과 개념들을 실제 실천현장에 적용시킴으로서 학생에게 실천적 지식, 기술 및 가치관을 배양시키는 핵심적인 교과과정이다. 따라서 사회복지현장실습은 실습생들에게는 사회복지교육과정 중 가장 생산적인 경험이 되며, 교육자들에게는 실습생의 사회복지에 대한 사명감과 타인과 더불어 일할 수 있는 능력을 시험해 볼 수 있고 새로운 기술을 터득하고 사회복지교육의 여러 과목들을 통합하여 유능한 실천가로 교육·훈련하는 것이다(류형택 외, 2014 : 11).

02 현장실습과 실습교육의 목적

사회복지현장실습 교육의 목적은 실습생이 사회사업의 전문직으로 갖추어야 할 지식, 기술, 그리고 가치관을 통합하는 기술의 제공과 더불어 사회복지의 실천현장인 사회사업기관 및 제도 내에서 전문적 사회사업을 실천하게끔 하는 목적을 가진다.

1) 현장실습의 목적

사회복지현장실습의 목적은 학교에서 학습한 사회복지 실천의 가치 및 윤리, 지식 그리고 사회복지 실천과정 및 기술을 사회복지실천 현장에 실제로 적용하는 현장실습을 통해 전문직의 사명감과 실천능력을 겸비한 사회복지사로 양성하고자 교육, 훈련하는 사회복지교육의 핵심과정으로(한국사회복지교육협의회, 2012) 사회복지현장실습 시 다음의 구체적인 목적 하에 실습지도를 수행해야 한다(한국사회복지사협회, 2018 : 2).

① 실천현장의 문제해결 및 서비스제공 과정에서 사회복지 가치 및 윤리강령의 내용, 지식 및 기술을 적용할 수 있는 능력을 향상한다.
② 클라이언트체계의 문제 확인, 정보수집, 사정, 개입계획 및 개입수행, 그리고 평가과정을 통해 문제해결에 대한 적합한 지식과 기술을 습득한다.
③ 지역사회 내 위험집단 및 표적집단의 특성, 강점, 그리고 자원에 대한 지식을 활용할 수 있는 능력을 배양한다.
④ 사회복지시설, 기관 및 조직의 사명, 정책 및 행정에 대한 이해이다.
⑤ 실천현장관련 국가 및 지역사회(지방자치단체)의 사회복지정책 및 전달체계를 분석하고 실천에 적용한다.
⑥ 사회복지사로서의 자아인식을 증진시키고 전문직 정체감을 형성한다.
⑦ 클라이언트인 개인, 가족, 집단, 지역사회를 대상으로 실천가로서의 전문적 기술과 능력을 개발한다.

2) 사회복지현장실습 교육의 목적

사회복지현장실습은 클라이언트인 개인, 가족, 집단, 지역사회를 대상으로 일반사회복지사로서의 능력을 배양하는 교육과정이며, 더 나아가 이론과 실무를 겸비한 전문 사회복지사의 양성을 목표로 한다. 즉, 사회복지 전문직으로서 갖추어야 할 지식, 기술, 가치관은 사회복지 전문성의 공통 기반이며, 실습을 통한 실천과정 속에서 전문가로서 이들을 통합하는 것이 실습의 목적이다. 그러므로 실습교육은 실습을 통해 사회복지 실천현장에서 요구되는 실천적 지식을 습득하고 사회복지사로서 올바른 태도나 전문적인 기술을 개발하는데 그 목표가 있다(윤철수 외, 2010 : 12).

한국사회복지교육협의회의 2012년 사회복지 교과목 지침서에서는 사회복지현장실습의 목표를 다음과 같이 제시하고 있다(한국사회복지교육협의회, 2012: 43).

① 사회복지현장의 실천과정에 사회복지 가치 및 윤리강령, 지식 및 기술을 적용할 수 있는 능력을 기른다.
② 클라이언트체계의 문제확인, 정보수집, 사정평가, 개입계획 및 개입수행, 그리고 평가 과정을 경험해봄으로써 문제해결능력을 키운다.
③ 지역사회 내 위험집단 및 표적 집단의 강점 및 특성과 자원에 대한 지식을 활용할 수 있는 능력을 기른다.
④ 사회복지시설, 기관 및 조직의 사명, 정책 및 행정을 이해하고 이를 실천에 적용할 능력을 기른다.
⑤ 실천현장 관련 국가 및 지역(지방정부)의 사회복지정책 및 전달체계를 분석하고 실천에 적용한다.
⑥ 전문 사회복지 인력으로서 적성을 점검하고 자신에 대한 이해를 높이는 과정을 통해 전문적 자기 인식과 전문가 정체성을 형성한다.
⑦ 사회복지실천 현장 및 분야에 대한 이해를 높이고 실습한 내용을 학문적으로 이해하고 통합하는 능력을 기른다.

03 사회복지현장실습의 과업과 목표

사회복지현장실습은 학교에서 학습한 사회복지 실천의 가치 및 윤리, 지식 그리고 사회복지 실천과정 및 기술을 사회복지실천 현장에 실제로 적용하는 현장실습을 통해 전문직의 사명감과 실천능력을 겸비한 사회복지사로 양성하고자 하는데 있다. 실습에 임하는 예비 사회복지사가 가져야 할 실습에 대한 주요한 과업은 다음과 같다.

1) 사회복지현장실습의 과업

(1) 사회복지기관에 대한 이해

이는 사회복지현장실습을 통하여 사회복지기관의 구조 및 운영에 대해 이해하고, 실습을 통하여 기관이 제공하는 복지서비스에 대해서 이해하게 하는 것이다.

(2) 지역사회에 대한 이해

실습기관이 위치해 있는 지역사회에 대한 이해를 바탕으로 지역사회 문제를 규명하고 이를 해결하는데 활용 가능한 지역자원체계를 파악하여 활용할 수 있는 능력을 배양하게 하는 것이다.

(3) 사회복지실천과정의 적용능력 배양

사회복지실천에서 사회복지사는 클라이언트 체계(개인, 가족, 집단, 조직, 지역사회 등)에 직접적인 서비스를 제공하게 되는데, 실습을 통해 문제를 확인하고, 이와 관련 된 정보를 수집하고 분석할 수 있으며, 개입계획을 수립 · 실천하고, 개입노력을 평가하는 사회복지실천과정을 경험하게 된다.

(4) 사회복지사로서의 전문적 가치관과 의식의 함양

실습생의 실습과정기록을 토대로 기관의 실습지도자와 학교의 실습지도교수가 제공하는 현장학습지도를 받으면서, 사회복지사로서 전문적 가치관과 역할, 지식, 기술, 자아인식과 복지 마인드를 가지게 된다. 또한 기관 내 다른 직원 및 타 학교 실습생과의 유대관계를 통하여 인적, 사회적 자원을 연계할 수 있다(한국사회복지사협회, 2018 : 4).

2) 사회복지현장실습의 목표

(1) 실습생의 목표

① 학교에서 배운 지식과 기술을 실천에 옮기는 기회를 갖는다.
② 실습현장에서 새로운 실천지식과 기술을 익히는 기회를 갖는다.
③ 각 복지기관(시설)의 전문적으로 분화된 기능에 대한 이해와 그 기능이 어떻게 수행되고 있는가를 이해하는 등 전반적인 사회복지기관(시설)에 대한 이해를 갖는다.
④ 클라이언트(개인, 가족, 집단, 지역사회)의 욕구를 바르게 인식하고 클라이언트가 갖고 있는 욕구의 개방성·독자성을 파악할 뿐만 아니라 각 복지기관(시설)의 원조과정을 체험적으로 학습하고 그 과정에서의 구체적인 기술 및 전문가로서의 지식 등 전체적인 사회복지실천과정을 습득한다.
⑤ 실습생 자신의 능력, 한계에 대한 통찰력과 자기인식을 통해 사회복지전문직에 대한 이상과 사회복지를 선택한 동기에 대해 재고하고 확신하는 기회를 갖는다.

(2) 학교의 목표

① 교육과 실천현장의 교량역할을 한다.
② 실습생은 실천현장에서 실제적인 문제에 대처하는 능력과 현장감을 갖게 되고, 실습 지도교수는 실습 지도과정을 통하여 실천현장에서의 구체적이고 실제적인 사례들을 이해하기 위하여 교육과 학습의 보조역할을 할 수 있도록 한다.
③ 사회복지 교육과정의 효율성, 효과성을 평가하는 기회로 활용한다.
④ 실습생을 통하여 다양한 사회복지 실천현장에 대해 간접적으로 접할 수 있는 기회로 활용한다.
⑤ 타 학교 실습생과 함께 실습에 임함으로써 사회복지와 관련된 정보를 교환하고 실습경험을 함께 나누게 되므로 새로운 동료애와 실습 이후 사회복지사로서의 보다 폭넓은 정체감을 형성할 수 있도록 한다.

(3) 기관의 목표

① 사회복지의 새로운 경향과 기술, 지식들을 접하는 기회로 활용한다.
② 클라이언트에게 보다 다양하고 새로운 형태의 서비스를 제공할 수 있으므로, 이러한 기회를 통해 기관 특성에 새로운 영역을 개발할 수 있도록 한다.
③ 전문사회복지사 양성을 위한 교육 프로그램을 개발할 수 있는 기회로 활용한다.
④ 실습생들이 학교에서 습득한 기술, 지식 등을 실천현장에서 접할 수 있는 기회로 활용한다.

⑤ 학교와 지속적인 연계로 이론과 실무에 대한 정보교환의 기회를 갖는다.

3) 사회복지실습교육의 목표

일반적인 실습교육의 목표는 클라이언트인 개인, 가족, 집단, 지역사회를 대상으로 일반 실천가로서의 능력을 키우는 것이며, 나아가 전문사회복지사의 양성을 목표로 한다. 실습생이 실습을 통해 습득해야 할 것을 지식, 기술, 가치의 3대 축으로 나누어 목표를 정리하면 다음과 같다(윤철수 외, 2010 : 12~15).

(1) 지식 습득의 목표

① 인간과 환경간의 공식·비공식 체계간의 상호관련성을 이해한다.
② 클라이언트에 대한 보다 포괄적이고 실제적인 이해를 갖는다.
③ 클라이언트체계와 다양한 변수들 즉, 생물·심리·사회적 특성, 문화차이 등과의 상호관련성을 이해한다.
④ 클라이언트 체계에 영향을 미치는 요소들에 대해 이해한다. 예를 들어, 빈곤, 차별, 연령, 생활방식, 장애, 성(性) 등을 포함할 수 있다.
⑤ 생태학적 체계의 영향, 기존의 전달체계의 기능과 역기능들, 보다 효과적인 원조를 위해 현재의 클라이언트체계와 전달체계를 어떻게 변화·개선 할 수 있을지에 대해 이해한다.
⑥ 이러한 체계에 대한 서비스를 제공하는 기관의 기능과 구조에 대해 이해하고 효과적으로 개입할 수 있는 직접적인 실천방법으로 원조과정의 기본적인 원칙을 이해한다.
⑦ 사회복지실천을 평가하는 방법을 이해한다. 즉, 문제해결과정, 특정 전문실천분야에서 활용하는 개입방법과 결과에 대해 평가하는 방법을 이해한다.
⑧ 체계적인 관점에서 사회복지사의 역할, 지역사회 내에서의 사회복지기관과의 관계를 이해한다.
⑨ 다양한 사회복지실천분야에 대한 사회복지정책·행정과의 관계와 역동성을 이해한다.
⑩ 전문사회복지사로서의 철학, 가치, 목적, 윤리와 실습생 자신은 개인적인 가치와의 관계를 이해한다.
⑪ 인접학문에 대한 이해와 상호관련성에 대해 이해한다. 이는 학교에서 배운 이론과 실천기술들을 통합하는 데 요구된다.

(2) 전문적인 기술 개발의 목표

① 체계적인 핵심 문제를 규정할 수 있어야 한다. 또한 그 문제에 영향을 받거나 그 문제에 포함될 수 있는 관련 혹은 하위 문제들을 확인하고 문제에 대한 초기사정에 필요한 정보를 획득하는 기술이 필요하다.
② 획득한 정보와 자료를 조직화하고, 환경 요인의 영향을 평가하고, 문제와 관련된 사회정책 및 프로그램들을 평가하는 기술을 개발한다.
③ 문제상황에서 클라이언트의 내적 요소와 대인관계요인들이 미치는 영향에 대해 인식하고 이를 명확히 할 수 있는 기술을 개발한다.
④ 클라이언트가 자신의 문제와 욕구를 인식할 수 있도록 돕는다.
⑤ 클라이언트가 능력과 동기를 파악하고 문제와 관련된 기관정책, 그 외에 다른 자원들을 이해하고, 이와 연관하여 현실적인 개입목표와 문제해결방법을 설정할 수 있도록 한다.

⑥ 문제해결을 위해 타전문직과 기관의 자원을 활용할 수 있도록 하며, 이때 이들이 클라이언트의 문제해결에 적절히 도움을 줄 수 있도록 이들을 동기화하는 기술이 필요하다.
⑦ 문제해결과정에서 요구되는 다양한 의사소통기법들을 활용할 수 있어야 한다.
⑧ 지역사회에서 이용 가능한 자원들을 개발하고, 클라이언트의 욕구와 능력에 따라 이들 자원과 연결할 수 있는 연결자, 중재자로서의 기술을 습득해야 한다. 또한 필요시 클라이언트를 공식·비공식으로 타기관에 의뢰할 수 있어야 한다.
⑨ 종결과정에 포함되는 사회복지사, 클라이언트, 기관의 과업과 역할을 실행할 수 있어야 한다.
⑩ 업무를 적절히 관리하고, 사회사업기록(전문적인 기록)을 유지·보관하며, 전문적인 의견이 반영된 보고서를 작성, 다른 전문직들과 협조하는 기술을 갖추어야 한다.
⑪ 클라이언트와 원조관계를 맺음에 있어서 의도적으로 실습생 자신을 활용하여 개입의 효과성을 평가할 수 있어야 한다.
⑫ 기관조직 내에서 적절히 기능하고, 기관의 이용가능한 서비스의 장·단점을 구별, 이들 서비스를 개선하는 방안을 식별하는 기술을 개발한다.
⑬ 거시적인 관점에서 보다 큰 체계의 문제를 해결하기 위해 정부의 정책과 다양한 프로그램을 확인할 수 있어야 한다. 또한 전문직의 가치에 따라 이들 정책과 프로그램의 효과를 평가하는 기술을 갖추어야 한다.
⑭ 클라이언트의 가치를 침해하지 않으면서 효과적으로 서비스를 제공하는 기술을 개발한다. 여러 가지 이유들로 인해 도움을 요청하지 못하는 잠재적인 클라이언트에게 전문적으로 접근할 수 있는 방안을 개발할 필요가 있다.
⑮ 실습생 자신의 업무수행에 있어서 사회복지 전문직의 목표와 가치를 적용할 수 있어야 한다. 실습생 자신의 역할을 수행할 때 발생하는 장점과 단점, 한계에 대해 평가할 수 있어야 한다.

(3) 전문인으로서 태도 개발의 목표

① 실습생 자신의 능력에 적합하면서 클라이언트의 문제해결에 필요한 모든 방법을 동원함을 의미하는 클라이언트의 최선의 이익(best interest)을 위해 원조하는 태도를 기른다.
② 클라이언트에 대한 실습생 자신의 감정과 태도를 인식하고 전문직으로 책임성 있는 태도를 기른다. 이는 특히 실습생과는 다른 삶의 방식과 배경, 가치를 갖고 있는 클라이언트를 원조함에 있어서 더욱 요구된다.
③ 보다 큰 사회체계 수준에서 발생하는 쟁점과 문제들을 평가할 수 있는 태도를 기르는 데 있어서 거시적인 관점에서 문제를 파악하는 태도가 요구된다.
④ 실천과정을 평가할 수 있는 방법뿐 아니라 이에 대한 중요성을 인식하는 태도를 기르는 사회복지 실천의 과학적인 방법을 인식한다.
⑤ 직접 서비스를 제공하는 데 요구되는 지식을 습득하는 책임성 있는 태도를 기른다.
⑥ 동료(타학교 실습생, 기관 실무자, 지도감독자 등)의 제안에 경청하고 이에 적절히 반응, 책임 있게 수행하는 태도를 기른다.
⑦ 끊임없이 학습할 수 있는 태도가 요구된다. 이는 전문가로서 성장하는 책임 있는 자세이다.

사회복지현장실습의 주체인 대학, 학생, 기관별 목표로 살펴보면 다음과 같다.

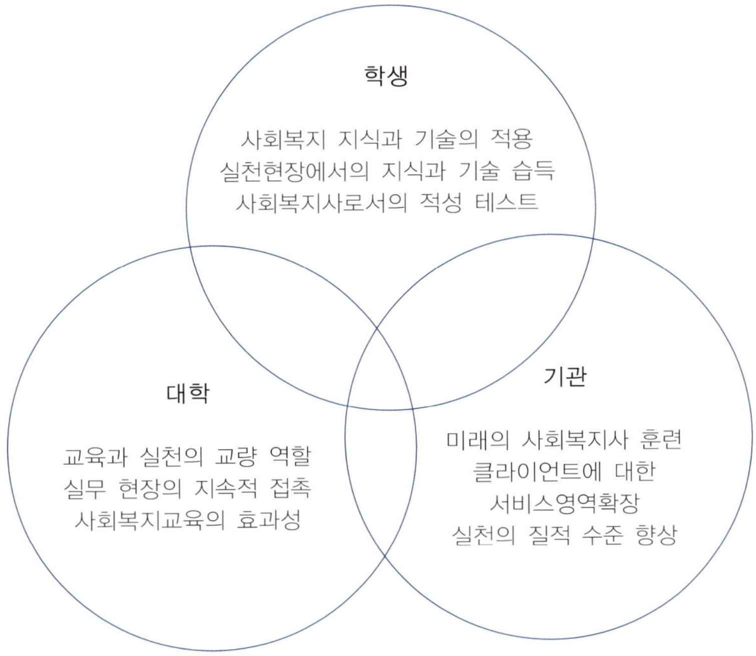

그림 2-1 현장실습주체별 목표

04 현장실습의 유형

현재 우리나라에서 실습은 학생의 실습경험은 학교의 교과과정 계획과 실습교육 목표에 의해서 결정되는 것이 아니라 기관의 상황과 욕구에 의해서 결정된다. 즉, 현장의 욕구와 필요에 의한 업무배치가 이루어져 현장성이 높다. 사회복지현장실습의 유형을 분류하면 다음과 같다(김영호 외, 2001 : 17~19. 재인용).

1) 실습방법에 따른 분류

(1) 생활형 실습

클라이언트와 함께 지내면서 시설의 운영생활 전체 내용을 점검해 보면서 시설 생활의 흐름을 이해하고, 직원들의 업무내용 및 시설 내 생활과정을 파악해보는 것에 초점을 둔 실습을 말한다. 이 방법은 전문적인 실습지도에는 한계가 있으며 일반 사회복지기관에서는 전개하기 어려운 방법이다. 그러나 시설 전체 운영과 업무내용을 파악하는 데 도움을 줄 수 있는 실습이라 할 수 있다.

(2) 케이스 담당형 실습

개별사회사업서비스(case work service)의 과정을 이해하기 위한 실습으로서 담당하는 케이스를 통해 개별사회사업의 초기 과정에서 종결과정까지 접근 과정과 사회복지사의 역할을 이해하고 서비스 기술 함양에 초점을 둔 실습을 말한다. 실제 사회복지 현장에서는 개별사회사업서비스만 실시하는 것이 아니라 다양한 업무 내용이 전개되고 있는 설정이다. 따라서 케이스 담당만으로 실습하기엔 부적절하며, 단편적인 실습으로 끝날 수도 있다. 그러나 케이스워커(case worker)로서의 자세나 역할 등 전문기술을 배울 수 있는 실습이 될 수 있다.

(3) 혼합형 실습

생활형 실습과 케이스 담당형 실습 중 어느 한 분야만 실습하는 것이 아니라 생활형 실습으로 하면서 케이스를 담당해보고 기관에서 전개되는 프로그램도 접할 수 있도록 다양한 내용으로 실습에 임하는 것을 말한다.

일반 사회복지시설에서는 이 방법을 활용할 수 있다. 다양한 내용으로 시설생활 현황을 파악 할 수 있으며, 케이스를 맡아 전문성 있는 케이스워크 기술을 함께 배울 수 있는 실습이 될 수 있다. 그러나 너무 광범위한 분야에서 실습을 하다 보면 수박 겉핥기식의 실습으로 치우치게 되어 보다 전문적이고 깊이 있는 실습에 도달하기에는 어려움이 뒤따를 수 있다.

2) 실습기간 설정에 따른 분류

일정기간 동안 실습을 매일 실시하느냐, 혹은 일정 주기별이나 특정 요일에 매주 1회씩 실습하느냐에 따라 분류하는 방법이다.

(1) 통년 방식(주관식: Weekly system)

지정된 요일을 실습일로 정하여 보통 주1회 정도 일정한 실습기관에 출퇴근 하면서 한 학기 동안 혹은 1년 간을 실습기간으로 정해놓고 실습하는 방법이다. 이는 자칫하면 단편적이고 기계적인 실습에 빠질 위험이 있고 사회복지기관에서 전개되는 각종 프로그램의 연결성이 부족하지만, 지정된 요일에만 실습함으로써 케이스를 맡아 상담지도, 훈련하며 클라이언트의 발전적인 측면에 주력하면서 장기적으로는 실질적인 케이스워크의 실습을 할 수 있는 장점이 있다.

(2) 집중 방식(집중식: block system)

일정기간을 정해 놓고 매일 실습하는 것으로 주로 방학기간을 이용하는 방학 중 실습을 한다. 이 방법은 단기간에 끝나는 실습이기에 케이스를 맡아 장기간에 걸쳐 변화되는 모습이나 발전 속도를 살펴보기는 어렵고, 실습기간의 연간 계속적인 사업 내용과 기관의 동향 파악에는 어려움이 있다. 그러나 캠프 모금 활동과 복지기관의 각종 행사와 같은 단기간에 끝나는 이벤트성 프로그램의 전 과정에 참여하여 살펴볼 수 있는 장점이 있다. 또한 실습생도 방학을 효율적으로 활용하여 타 지역 실습기관이나 희망 실습기관을 찾아 실습할 수 있는 기회를 가질 수 있다.

3) 숙식 여부에 따른 분류

실습기관에서 숙식하면서 실습하느냐 출퇴근 하면서 실습하느냐에 따라 분류하는 방법으로서 거주형과 통원형으로 분류할 수 있다.

(1) 거주형(숙식형) 실습

실습기관에서 숙식하면서 실습하는 형태이나 이는 입소시설에서만 가능하며 시설 내에 숙식에 따른 수용능력이 우선 갖추어져야만 가능하다. 또한 시설에서 숙식을 하다 보면 원내 클라이언트의 생활리듬을 해칠 수 있는 단점이 있다, 그러나 클라이언트의 하루 일과 전체를 파악하는 데 도움이 되며 실습기관 운영전반과 근무시스템을 점검해 보는 데는 유리하다. 또한 생활형 실습을 하기 위해서는 숙식형 실습이 효과적이라 할 수 있다.

(2) 통원형(출퇴근형) 실습

실습생이 실습기관에 정규 직원과 같이 출퇴근하면서 실습하는 것을 말한다. 일반적으로 현재 거의 모든 사회복지기관에는 통원형 실습을 전개하고 있으며 실습기관에서는 실습생의 숙식에 따른 부담과 야간에 실습생의 통제 및 지도에 따른 부담은 없으나 출퇴근이 시외 지역이나 타 지방 실습기관을 희망하는 경우 곤란하여 생활 전반을 관찰하는 시설실습일 경우에도 문제가 있다.

4) 실습기관 구분에 따른 분류

어떤 실습기관에서 실습을 하느냐에 따라 구분되는 것으로 실습기관이 이용시설(기관)이냐 입소시설 혹은 행정기관이냐에 의해 나누어지는 분류이다.

(1) 기관실습

일반적으로 사회복지기관(agency or center)이라 함은 이용시설을 말한다. 즉, 사회복지협회나 단체, 사회복지기관을 비롯한 노인, 장애인, 부녀복지관 및 각종 상담기관 등 여러 형태의 사회복지기관에서 실시하는 실습을 말한다.

(2) 시설실습

일반적으로 시설(institution)이라 함은 요보호대상자를 입소조치하여 숙식까지 해결해 주면서 각종 서비스를 제공하는 사회복지시설을 말하며 이용시설에 반대되는 개념이라 할 수 있다. 이러한 입소시설에서 실시하는 실습을 시설실습이라 한다.

(3) 복지행정실습

사회복지 전문 요원이 맡고 있는 사회복지행정(welfare administration) 실무내용을 파악하려는 실습으로 사회복지사가 배치되어 있는 동사무소나 보건복지사무소 등에서 실습을 말한다.

5) 실습지도방법에 따른 분류

슈퍼바이저가 실습생에게 개인별로 슈퍼비전을 주느냐 혹은 그룹별로 슈퍼비전을 주느냐에 따라 분류하는 방법이다.

(1) 개별지도방법

개별지도방법(individual conference)은 슈퍼바이저가 실습생을 개인별로 대하면서 슈퍼비전을 주고 실습 발생하는 개인적인 문제까지도 상담하면서 해결 할 수 있도록 조언해 주는 방법이다. 이는 실습과정 중 실습생 혼자서는 해결하기 어려운 사소한 개인문제에서부터 기술적이고 전문적인 문제까지 접해 볼 수 있고 각종 문제에 대해 더욱 깊이 있는 질문과 토론을 통해 실질적인 지식과 개인능력을 감안하여 실습생에 맞는 지도방법을 모색 할 수 있는 장점이 있다. 그러나 지도시간이 너무 많이 걸리고 많은 실습생들을 지도하기에는 어려운 단점이 있다.

(2) 그룹지도방법

그룹지도방법(group(team or peer) conference)은 실습생을 소그룹(sub-group) 별로 나누어 슈퍼비전을 주거나 실습생 전체를 대상으로 동시에 슈퍼비전을 주는 방법이 있다. 이는 동시에 많은 실습생을 지도할 수 있으므로 집단실습지도에는 효과적이며 동료 실습생의 질문이나 토론을 통해 이해의 폭을 넓힐 수 있고 각종 문제에 대해 다양한 접근방법을 모색해 볼 수 있는 장점이 있다, 그러나 실습생 개인 능력에 맞고 갖가지 문제 상황에 적합한 개인적 실습지도에는 어려움이 있으며, 소극적인 실습생들은 실습에 위축될 수 있고, 실습과정 중에 야기 되는 개인의 문제나 소수의 문제는 무시 될 수 있는 단점이 있다.

6) 실습유형에 따른 분류

어떤 내용으로 실습에 임하느냐에 따라 나누는 방법이다. 즉, 주로 상담하는 실습을 하느냐 혹은 클라이언트를 지도하는 내용으로 실습하느냐 혹은 각종 프로그램이나 이벤트를 구상·기획하는 내용으로 실습하느냐 혹은 실습생이 자원봉사 하는 자세로 실습기관의 부족한 일손을 돕는 봉사의 성격이 짙은 실습이냐에 따라 분류하는 것이다.

(1) 상담형 실습

아동상담소 및 부녀상담소 같은 상담기관과 일반 사회복지기관 등에서 클라이언트와 직접적으로 면접상담이나 전화상담 등을 해보면서 상담 기술을 익혀가는 실습을 의미한다. 이는 상담내용에 따라 다소 깊이 있고 전문적인 기술과 경험을 쌓을 수 있는 실습니다.

(2) 지도형 실습

실습생이 맡은 케이스나 아동이나 장애인 등으로서 그들에게 학습지도, 일상생활지도, 기능 훈련 및 적응 훈련 지도를 실시하는 것으로 그들의 각종 기능 향상과 발전을 꾀함은 물론 훈련·지도하는 기술을 함양하는 실습을 말한다. 이는 클라이언트에게 직접적인 혜택을 줄 수 있을 뿐만 아니라 실습생은 실습을 통해 클라이언트의 사회적 향상을 도모하므로 보람도 느끼며 그에 따른 지도 기술도 향상시킬 수 있다.

(3) 기획형 실습

실습기관에서 진행되거나 전개 할 수 있는 각종 프로그램이나 이벤트, 프로젝트 등에 대해 의견을 교환하며, 기획의 초기단계에서부터 자료를 수집하고 실제계획을 해 볼 수 있도록 하는 실습이다. 이는 실제 기획의 전반적인 과정을 접해보고 지원 기관에서 제출한 프로젝트를 작성해 보는 등의 노하우(know-how)를 배워 볼 수 있는 실습이다.

(4) 봉사형 실습

사회복지 관련학과 학생들이 봉사하는 마음으로 실습에 임하는 것을 의미하며 사회복지 현장에서 실습지도자나 실습기관 종사자들의 부족한 일손을 직접 도와주면서 사회복지사로서의 자세와 태도와 자질 등을 키워 가고 또 그들의 기술 등을 습득해 가는 실습이라 할 수 있다. 따라서 봉사형 실습으로만 지도한다면 단순 봉사에 그치고 전문적인 실습지도는 한계가 있는 것이다. 그러므로 실습지도 효과를 높이기 위해서는 봉사형 실습을 하더라도 실습지도자와 전문적이고 수준 높은 슈퍼비전이 겸비되어야 한다. 이는 사회복지기관에는 부족한 일손을 보충 할 수 있는 기회이며 실습생에게는 사회복지 현실을 바르게 이해할 수 있는 실습이 될 수 있다.

7) 실습 진행과정에 따른 분류

이 실습의 분류는 실습이 전개되는 과정을 중심으로 나누어 보는 형태로 첫째, 실습을 중심으로 실습을 임하기 전에 이루어지는 예비학습과정, 둘째, 실습을 전개로 하는 실무실습과정, 그리고 마지막으로 실습 후의 연구실습과정으로 분류하고 있다

(1) 예비학습(강의)

실습의 의의와 목적 등에 대하여 학생에게 충분히 이해시키기 위해 실습 시작 전에 이루어지는 과정으로서 첫째, 실습기관 결정 (개인 또는 집단상담), 둘째, 실습내용에 관한 준비 (실습 장소에 관한 사전지식 정리), 셋째, 실습에서의 마음자세(준비, 태도, 유의점 전달), 넷째, 실습기관과의 회합, 다섯째, 실습에 대한 오리엔테이션 등이 있다.

(2) 실무실습

실제 업무에 참여하여 실습과정에 임하는 것을 말한다. 즉, 사회복지사가 현장에서 해야 하는 역할과 기술을 익혀가면서 전문 사회복지사의 자질을 향상시켜 가는 본 실습과정을 의미한다.

(3) 연구실습

실습종료 후 실습에 대한 평가를 실시하면서 실습 전 과정에 대란 문제와 실습자체의 문제점들을 찾아보면서 개선점 등을 모색하는 과정을 의미한다. 이를 통해 실습생 각자의 실습내용도 점검하고 현장에서 배운 지식이론과 기술 등을 자신의 것으로 승화시키는 것이다.

8) 실습교육의 내용에 따른 분류

카두신(Kadushin, 1992)은 실습기관이 실습생들에게 어떠한 교육내용을 가지고 지도하느냐에 따라 행정적 실습, 교육적 실습, 지지적 실습, 평가적 실습으로 분류하였는데 구체적인 내용은 다음과 같다.

(1) 행정적 실습

사회복지시설에서 이루어지는 행정 업무 내용을 지도하는 것으로 문서 작성에서부터 사업 계획 및 예산 수립, 교부금 신청 및 보호 조치 요령을 비롯하여 시설 인·허가 절차에 이르기까지 다양한 행정 업무를 보는 것을 말한다.

(2) 교육적 실습

사회복지 현장에서 필요한 사회복지 학교에서 배운 전문지식을 해당시설에서 그 이론을 적용 시킬 수 있도록 관계이론을 재교육하면서 실습에 임하도록 하여 사회복지이론을 재정리 할 수 있도록 하는 실습을 말한다.

(3) 지지적 실습

실습생들의 긴장과 불안감을 해소해 주며 격려해 주고 장기간 실습에 임하는 심리적 부담감을 덜어주면서, 실습 중 각종 문제에 직면 했을 때 실습지도자가 조언해 주며 사회복지사의 모델을 제시하면서 지지하는 실습을 말한다.

(4) 평가적 실습

사회복지 현장에서 평가기술을 함양시킴으로써 자기의 업무 능력 평가는 물론 업무의 효율성과 효과성을 평가 할 수 있는 기술과 방법을 습득하는 실습을 의미한다.

9) 실습분야에 따른 분류

일반적으로 사회복지실천분야를 아동복지 분야, 노인복지 분야, 장애복지 분야 등으로 분류 하듯이 클라이언트를 아동, 청소년, 장애인, 노인, 지역사회 중에서 어떤 대상으로 실습을 할 것인가에 따라 분류하는 방법으로 아동복지 분야 실습, 청소년복지 분야 실습, 노인복지 분야 실습, 장애인복지 분야 실습, 가족복지 분야 실습, 여성복지 분야 실습 등으로 분류한다.

3 Chapter

사회복지현장실습의 역할과 자세

01 실습기관의 역할과 자세

사회복지현장실습은 사회복지시설의 맥락에서 행해지기 때문에 무엇보다도 수행기관의 현장실습과 관련된 의지와 제반 여건이 실습의 질에 중요한 영향을 미친다. 따라서 사회복지현장실습기관의 현장실습과 관련된 기본적인 요건 및 기준을 한국사회복지사협회는 다음과 같이 제시하고 있다(한국사회복지사협회, 2018 : 12~15).

1) 사회복지현장 실습지도를 위한 실습기관의 요건

① 실습을 기관의 공식 업무로 규정하고 있는 기관

실습지도에 관한 공식업무는 1개 년 사업계획서 상에 명시된 것만을 의미하는 것이 아니라 각 사회복지기관에서 실습을 기관 업무의 일부로 간주하여 이에 대한 계획, 실행, 평가의 과정을 거치는 것을 의미한다.

② 실습에 대한 명료한 목적을 전 직원이 공유하고 있는 기관

실습이 기관의 인력보충방편이 되어서는 안 된다. 사회복지현장실습의 목적에 대해 기관 전체가 명료하게 인식하여 실습의 본래 목적이 퇴색되지 않도록 해야 한다.

③ 실습지도자에 대한 업무조정이 가능하고 이를 실행하는 기관

업무의 공식화와 같은 맥락에서 이해될 수 있다. 업무과중으로 인해 실습지도에 어려움을 겪고 있는 기관이 적지 않기 때문에 실습이 부가적인 업무가 아니라 기관의 공식 업무의 하나로 개인에게 할당된 것이라는 인식하에 실습을 지도할 수 있도록 업무를 조정한다.

④ 실습지도자가 실습지도를 제대로 할 수 있도록 성장의 기회를 제공할 수 있는 기관

실습지도자가 실습생에 비해 상위의 지식과 기술을 겸비해야 함을 감안하여 교육이나 훈련의 기회를

제공하므로 질적 수준을 담보하는 실습을 지향한다.

⑤ 실습지도를 위한 공간 확보 및 사무기기의 활용이 가능한 기관

실습기간 중 실습생을 조직성원의 일부로 고려하여 업무를 위한 공간 및 실습과 관련된 사무용품을 활용할 수 있도록 배려한다.

⑥ 자격 있는 실습지도자가 있는 기관

사회복지사 1급 자격증을 소지한 자로서 3년 이상 또는 사회복지사 2급 자격증을 소지한 자로서 5년 이상 사회복지사업의 실무경험을 가진 실습지도자가 있는 기관에서 실습을 지도하여야 함은 물론이고 효과적인 슈퍼비전과 전문적 실습교육을 제공할 수 있는 능력 있는 사회복지사가 있는 기관이어야 한다.

⑦ 건전성을 갖고 프로그램과 재정적 지원에서 안정성을 갖추고 있는 기관

기관의 운영지침이나 원칙이 사회복지의 가치와 부합하면서 재정적인 건실성을 갖고 실습생으로 하여금 자원모금이나 후원자 개발을 강요하지 않는 기관이어야 한다.

⑧ 사회복지 전문직의 윤리와 가치에 부합되는 사회복지기관

사회복지사 윤리강령을 강조하면서 기관의 운영원칙이 윤리적 실천에 부합되어야 하며 더 나아가서 다양한 학생들을 동등하게 교육할 수 있는 능력이 있으며 학생에 대한 공식적인 안전절차와 규정을 마련해 놓은 기관이어야 한다.

2) 실습기관의 역할

사회복지현장실습 수행기관의 최우선적인 역할은 실습생에 대한 실습을 체계적이며 내실있는 교육내용으로 수행하는 것으로 실습지도를 위한 기관의 사전준비, 역할, 슈퍼비전과 관련된 내용은 다음과 같다(김영호 외, 2007; 서진환, 2001; 김선희, 1999. 참조).

(1) 실습기관의 실습을 위한 준비

① 기관의 실습규정 구비 및 실습관련 직무분석
② 실습지도와 관련된 기관의 기획
③ 실습지도를 위한 자격 있는 실습지도자 보유
④ 실습생 모집 공고 및 실습생 선발
⑤ 실습시작 전 실습생 대상 사전미팅 진행, 실습계약 및 오리엔테이션 진행
⑥ 실습비 공지 및 실습비 공식 수령
⑦ 실습생의 실습 시 의복 및 태도에 대한 안내

(2) 실습 진행과 관련된 실습기관의 역할

① 실습계획서 제공 및 계획서에 준한 실습지도
② 실습에 활용되는 표준화 양식 소개

③ 기관, 지역사회, 클라이언트에 대한 이해
④ 실습 시 안전수칙 및 실습생의 권리와 의무에 대한 구체적인 안내
⑤ 실습일지에 대한 피드백
⑥ 정기적인 슈퍼비전 제공
⑦ 실습 시 소요되는 비용에 대한 행정적인 처리 방법 안내
⑧ 실습생 근태관리
⑨ 실습생 소속 대학과의 연계
⑩ 실습 중간평가 진행 및 평가 내용공유, 반영
⑪ 실습종결평가 진행 및 실습평가서 작성
⑫ 실습평가 내용에 대해서 실습생에 대해 피드백을 제공

(3) 사회복지현장실습기관의 실습지도

현장실습 기관의 슈퍼바이저는 실습생에게 실습기관 현장에서 슈퍼비전[10)]을 제시하는데, 한국사회복지교육협의회의 2012년 사회복지 교과목 지침서에서는 실습 슈퍼비전에 대해 다음과 같이 제시하고 있다(한국사회복지교육협의회, 2012: 46).

① 슈퍼비전 원칙 : 실습기관, 교육기관의 모든 슈퍼비전은 정기적, 규칙적이며 구조적으로 실습지도자나 실습지도교수가 직접 지도해야 한다.
② 실습과정 중에 슈퍼비전의 내용이 반영되어야 한다.
③ 실습기관의 실습지도 : 실습기관 및 실습내용에 대한 전반적인 오리엔테이션 실시되어야 한다. 오리엔테이션에서 실시할 내용은 다음과 같다.

- 실습기관 소개
- 실습의 의미, 의의 및 목표 수립
- 실습생의 자세 및 태도교육
- 사회복지 기록 관련 교육
- 실습일지를 포함한 각종 보고서 작성 요령 안내

---

10) 슈퍼비전(supervision)은 직원이 실제 직위에 앉아 일을 하면서 윗사람으로부터 직무에 관하여 지도감독을 받는 것으로, 이는 현장교육(OJT : on the job training)과 같다. 사회복지 조직의 직원개발에 있어서 특히 슈퍼비전은 중요한데, 서비스 전달을 담당하고 있는 일선 사회복지사들의 경우 유능한 슈퍼바이저로부터 전문적인 슈퍼비전을 받으면 크게 능력을 키울 수 있다. 장점은 직무를 수행하면서 직무와 관련된 훈련을 받는다는 점이며, 단점은 다수인을 동시에 훈련할 수 없으며 슈퍼바이저로부터 많은 시간을 빼앗아 간다는 것이다.
실습기관 슈퍼비전의 원칙은 정기적, 규칙적이며 구조적으로 실습지도자, 실습지도교수가 직접 지도해야 한다. 예를 들어, 1회당 60분 이상(개별, 집단지도 포함)을 1일 1회 또는 수시로 지도하여야 한다. 실습기관 슈퍼비전의 내용으로는 ① 실습기관 및 실습내용에 대한 전반적인 오리엔테이션 및 실습생의 태도와 자세, ② 실습내용에 대한 직접적인 슈퍼비전 실시(실습일지, 실습 사례, 프로그램 일지 및 사례관리 기록지 검토 등)가 있다.

④ 실습내용에 대한 직접적인 슈퍼비전이 실시되어야 하며 내용은 다음과 같다.

- 실습일지를 정기적으로 점검하고 피드백 제공
- 실습에서 케이스 리코딩에 대한 슈퍼비전 제공
- 프로그램기획서의 검토 및 타당성과 관련된 피드백 제공
- 그 외의 실습전반에 대해 정기적인 슈퍼비전을 진행함

⑤ 실습 1일 이수시간

실습생의 실습 이수시간은 하루에 최소 4시간 이상, 최대 8시간 이하(실습이수시간 중 실습생의 아침·점심·저녁 식사시간은 제외. 단, 실습계획에 식사지도가 포함되는 경우는 실습시간으로 인정)이다. 실습계획에 의거 프로그램 특성상 기준을 넘기는 실습시간 등은 실습생, 실습기관, 학교(교육기관)가 상의하여 실습계약과 실습계획에 의거 결정하여야 하며, 상의하여 결정한 경우라 하더라도 한국사회복지사협회는 자격심사 시 별도 추가 서류를 요청할 수 있다.

⑥ 실습지도 인원

실습지도자 1인당 1회기 기준 5명 이내로 하며, 연간 20명을 초과할 수 없다.

02 교육기관(학교)의 역할

현재 전국적으로 사회복지학과가 개설된 교육기관이 다양하기 때문에 가능한 교과과정의 운영이 한국사회복지교육협의회의 사회복지학 교과목지침서에 준거하여 운영 되어야 하며, 무엇보다도 실습교과목의 경우 사회복지사의 자격을 갖추고 현장 실무경험이 풍부한 실습지도 전임교수에 의해 실습지도가 행해지도록 해야 한다(김영호 외, 2007; 서진환, 2001; 김선희, 1999. 참조).

1) 교육기관의 역할

① 교육기관(학교)는 실습교육을 위한 강의, 토의, 슈퍼비전, 기관방문 등을 통해 실습지도를 진행해야 하며, 실습교육 시 실습조교를 배치하여 실습기관 및 실습학생에 대한 연락, 실습상황 검토, 실습보고서와 평가서 정리 등의 업무를 처리해야 한다.

② 실습지도교수는 실습기관 방문, 전화, 온라인의 방법으로 실습기관과 긴밀한 관계를 유지해야 한다.

③ 실습세미나의 경우 교육기관(학교)의 상황에 맞춰 수업의 한 형태로 진행해야 하며 실습보고서를 통한 실습지도와 실습생의 실습보고 세미나 방법이 있다. 실습세미나의 주용 내용은 다음과 같다.

-실습세미나의 주요 내용-

- 학생의 실습과정에 관한 강점 및 개선점을 점검함
- 현장에서 적용한 사회복지실천의 방법 및 기술을 이론적으로 정리하여 지식과 경험을 통합할 수 있도록 지도함
- 실습현장에서 직·간접으로 경험한 사회복지실천과정이 다양한 클라이언트 체계에 미치는 영향에 대해 탐색하도록 지도함
- 사회복지조직으로서의 실습기관에 대한 기능과 역할에 대해 이해하도록 토론을 유도함
- 실습기관이 속한 지역사회 욕구를 파악한 것을 토대로 실습기관 서비스간의 연계에 대해 이해하도록 토론을 유도함
- 실습내용을 사회복지정책, 사회복지법규 및 제도와 연계하여 이해하도록 토론을 유도함
- 사회복지실천현장에서 직면하는 윤리적 딜레마에 대해 토의함
- 사회복지사로서의 전문적 자기인식에 대해 정리함
- 실습생이 자신의 실습과정에 대한 평가를 통해 반영적 실천을 경험하도록 지도함

(한국사회복지사협회, 2014)

2) 대학에서의 실습지도

교육기관(학교)에서의 실습지도는 기본적으로 교육기관(학교)에서의 수업의 한 형태인 실습세미나로 진행하여야 한다.

현장실습 교육기관의 실습세미나 수업은 기본적으로 학교의 수업의 한 형태로 진행이 된다. 이는 실습생에게 실습지도교수의 슈퍼비전을 제시하는 것으로, 한국사회복지교육협의회의 2012년 사회복지 교과목 지침서에서는 교육기관의 실습세미나에 대해 다음과 같이 제시하고 있다(한국사회복지교육협의회, 2012: 47).

① 실습기관 접촉 및 실습상황 점검

실습지도교수는 다음의 목적을 위해 최소 1회 이상 기관방문, 전화, 온라인의 방법 등으로 실습 슈퍼바이저와 직접적인 의사소통을 유지하며, 실습기관과 긴밀한 관계를 유지해야 한다.

- 실습지도자와 학생별 실습목표를 협의하기 위해
- 실습생의 실습목표 성취정도와 실습상황을 검토하기 위해
- 실습관련 문제발생을 예방하거나 문제 상황을 중재하기 위해

② 실습보고서를 통한 실습지도

- 실습보고서 제출 : 실습생은 실습일지, 사례기록, 프로그램 계획서 및 진행보고서 등을 작성하여 실습기관 슈퍼바이저의 슈퍼비전을 받은 후 실습지도교수에게 제출한다.
- 실습보고서 검토 후 실습지도 : 실습생과의 면담(개별 또는 집단 면담)을 하여 문제점과 개선점을 토의하고 필요한 경우 실습기관 실습지도자와 협의하여 문제점을 해결한다.
- 실습내용과 관련된 참고문헌을 소개하여 학생 스스로 활용할 수 있도록 한다.

③ 실습 슈퍼비전

- 실습생의 실습과정에 관한 강점 및 개선점을 점검한다.
- 현장에서 적용한 사회복지실천의 방법 및 기술을 이론적으로 정리하여 지식과 경험을 통할 수 있도록 지도한다.
- 실습현장에서 직 · 간접적으로 경험한 사회복지 실천과정이 다양한 클라이언트 체계에 미치는 영향에 대해 탐색하도록 지도한다.
- 사회복지 조직으로서의 실습기관의 조직, 정책, 행정적 절차 및 기능과 역할에 대해 이해하도록 토론을 유도한다.
- 실습기관이 속한 지역사회 욕구를 파악한 것을 토대로 실습기관 서비스간의 연계에 대해 이해하도록 토론을 유도한다.
- 실습내용을 사회복지 정책, 사회복지관련 법 및 제도와 연계하여 이해하도록 토론을 유도한다.
- 사회복지 실천현장에서 직면하는 윤리적 딜레마에 대해 토의한다.
- 사회복지사로서의 전문적 자아 인식 및 전문직의 정체성에 대해 토의한다.
- 실습생이 자신의 실습과정에 대한 평가를 통해 반영적 실천을 경험하도록 지도 한다.

03 실습생의 역할과 자세

사회복지현장실습은 학교의 교과과정에서 유일하게 사회복지실천현장과의 소통의 수단이다. 학교에서의 이론과 실천기술을 현장에 접목시켜 이상과 현실의 차이, 현재의 사회복지현장의 위치 등을 직·간접적으로 학생 스스로가 느끼고 배워가는 과정이 필요하다. 따라서 실습생은 자신의 역할과 자세를 구체적으로 점검하고 실습기간 동안 이러한 역할을 적극적으로 수행하려는 노력이 필요하다(김영호 외, 2007 서진환, 2007; 김선희, 1999. 참조).

1) 실습생의 역할

(1) 실습 전 해야 할 일

실습생이 실습 전에 해야 할 일은 먼저, 평소 관심 있는 사회복지 분야를 찾아야 하며, 선배들의 실습파일, 실습보고자료 등을 참고하여 본인에게 맞는 실습기관을 찾아야 한다. 실습기관 선정에 있어 중요하게 고려되어야 할 점은 본인의 관심분야와 실습목표를 달성할 수 있는 기관이 되어야 한다. 실습생 프로파일을 작성하여 실습지원 기관의 면접을 준비한다. 실습 기관의 정확한 명칭, 위치, 실습지도자 연락처, 기타 실습 사전 준비물 확인을 통해 실습에 대한 지나친 기대가 아닌 열심히 배운다는 자세로 준비해야 한다.

실습기관 지도자와의 사전면담 시에는 실습목표와 욕구를 명확하게 전달하여, 실습생 자신이 원하는 실습과제와 활동, 관심 있는 클라이언트 대상과 경험하고 싶은 클라이언트 문제를 포함한 실습을 통한 학습경험에 대해 갖고 있는 기대를 명확하게 전달하여 실습교육에 반영될 수 있도록 한다. 실습이 시작되기 전에 반드시 실습교육기관 및 실습지도교수에게 정확한 실습일정을 보고해야 한다.

(2) 실습 중 해야 할 일

실습생으로서 열심히 배우는 자세를 유지해야 하고, 정해진 실습시간과 과제를 성실히 수행해야 한다.

① 실습지도 시간을 위한 준비

실습지도를 위하여 정규적으로 마련된 시간을 위한 충분한 준비를 하고, 실습지도 시간 전에 실습지도자에게 필요한 자료(예: 과정기록이나 프로그램 기획안 등)를 제출함으로써, 지속적이고 책임 있는 자세로 실습 지도에 임해야 한다. 특히 실습생이 실습 지도를 통하여 최대한의 도움을 받기 위해서는 사전에 철저한 준비를 하는 것이 필요한데, 예를 들어 실습지도 시간 전에 의문사항이나 상의하고자 하는 문제들을 정리해 두며, 자신의 학습경험을 위하여 요청할 것들을 미리 적어놓아 빠짐없이 다룰 수 있도록 해야 한다.

② 실습과제의 기록과 제출

실습일지, 과정기록, 프로그램 기획안과 결과보고서, 중간평가서와 종결평가서 등 실습과제의 수행과 관련되어 작성하도록 기대되는 모든 문서작성 및 기록을 정해진 기간 내에 작성하여 제출한다. 모든 문서를 작성할 때는 문법에 맞으며, 간결하고 명료한 문장을 구사할 수 있도록 주의해야한다.

③ 실습 중 문제 상황 발생 시 대처

실습 중 문제 상황이 발생하면 즉시, 실습지도자와 개별 면담을 통해 적극적으로 해결하고자 노력해야 하며, 결근 또는 실습중단과 같은 극단적인 선택이 되지 않도록 주의해야 한다. 실습지도자와 문제 상황에 대해 면담을 진행하여도 변화가 발생하지 않으면 실습지도교수에게 알리고 상담을 통해 실습 진행에 문제가 발생하지 않도록 한다.

(3) 실습종료 후 해야 할 일

실습일정이 종료하게 되면 실습지도교수에게 실습종료를 보고하고, 그동안 작성되었던 서류 및 실습관련 자료를 정리한다.

① 실습세미나 참여

교육기관에서의 실습교육인 실습세미나에 빠짐없이 출석하여 자신의 실습진행 상황을 발표하고 다른 실습생의 실습 진행상황에 대한 관심을 표한다. 또한, 교육기관의 실습지도교수가 요구하는 다양한 실습과제물을 제출하여 학교에서의 적절한 실습지도가 이루어질 수 있도록 한다.

② 실습평가에 참여

실습평가를 할 때 자신의 실습과제 수행에 대한 평가과정에 적극적으로 참여하고, 실습기관과 학교에서의 실습교육에 대한 평가를 함으로써, 이후의 실습교육방법을 행상시키는 데 기여한다.

2) 실습생의 자세

사회복지 현장실습생의 자세는 한국사회복지사협회[11)]의 2010년 12월 발행된 사회복지현장실습 실태조사 및 지침서에 의하면 실습생의 자세에 대해 다음과 같이 제시하고 있다(한국사회복지사협회, 2010: 141-142).

사회복지 현장실습생으로서 사회복지사 윤리강령과 다음을 준수한다.

① 실습의 목적과 중요성을 충분히 이해하고 실습계약 사항을 이행하기 위하여 최선의 자세로 실습에 임한다.
② 실습은 대학에서 학습된 이론을 구체적으로 적용하는 과정임을 인식하여 이에 최선을 다한다.
③ 실습교육 기관의 구성원이라는 생각으로 타 구성원과 협력하며 친화적인 태도를 취한다.
④ 기관의 정책을 이해하고 수용하며 실습과정에서 준수하도록 한다.
⑤ 근무시간은 기관의 규정에 준하며 직원과 동일한 자세로 근무시간에 임하도록 한다.
⑥ 실습시작 최소 10분전에 출근하여 출근을 확인하며, 업무에 관계된 사항을 사전에 준비하도록 한다.
⑦ 결근, 조퇴, 지각 등 근태와 관련된 사항은 반드시 실습지도자에게 사전에 보고하여 허락을 받도록 한다.
⑧ 실습지도자의 지시뿐 아니라 타직원의 지도를 잘 이행하므로 실습효과를 최대화 하도록 한다.
⑨ 직무에 강한 책임감과 열의를 갖고 적극적으로 임하며 타인에게 책임을 전가하거나 태만하게 행동하지 않는다.
⑩ 실습으로 인하여 알게 된 클라이언트의 사적인 정보를 교육적 목적(대학실습지도 등) 이외에는 절대 발설하지 않으며, 교육적 목적이라 하더라도 가명을 사용하여 개인의 비밀이 침해되지 않도록 한다. 실습종료 후, 실습관련 내용을 학회지 등에 게재하고자 할 때는 반드시 실습지도자와 상의하여 허락을 받아야 한다.
⑪ 실습지도자의 지도 혹은 타 실습생의 실습을 견학, 관찰할 경우 배우는 자세로 진지한 태도를 취한다.
⑫ 기관의 직원, 클라이언트 등에 대해 예의를 지킨다.
⑬ 복장, 소지품은 실습 기관의 특성과 상황에 맞게 취하되 가능한 화려한 것을 피하고 검소하며 단정한 것으로 착용하도록 한다.
⑭ 안전사고에 만반을 기하도록 하며 안전사고와 관련된 기관의 규정을 사전에 숙지하여 그에 준해 처리하도록 한다.
⑮ 실습일지를 비롯한 각종 실습기록은 사실에 근거하여 정확하고 구체적으로 정리하여 실습 시 실습지도자와 실습지도교수의 강평을 받는다.
⑯ 과제에 관하여 연구하고 그 결과물에 대해 실습지도자의 강평을 받는다.
⑰ 실습과정 중 어떤 경우라도 사례금 등의 금품을 절대 주거나 받지 않는다.
⑱ 과제물은 정해진 기일에 제출하고 출근 전에 작성을 마친다.
⑲ 기관의 명칭을 사적으로 활용하지 않으며 실습생의 신분을 지킨다.
⑳ 기관을 대표한다는 자세로 실습교육기관의 직원들과 동일한 업무 태도와 자세를 취한다.

11) 한국사회복지사협회는 1965년 개별사회사업가협회로 출발해 1967년 한국사회사업가협회로 명칭을 변경했으며, 1977년 9월 사단법인 한국사회사업가협회로 명칭을 바꾸고 보건복지부 산하 법인으로 설립 허가를 받았다. 사회복지에 관한 전문지식과 기술을 개발·보급하고 사회복지사의 자질 향상을 위한 교육 훈련 및 사회복지사의 복지 증진을 도모하기 위해 사회복지사업법에 의해 설립된 법정 단체이다.

4 Chapter

실습생이 부딪힐 문제와 해결방안

실습생은 사회복지현장실습을 통해 그동안 교육기관에서 배운 내용을 실제 실천현장에 적용함으로써 이론을 통해 경험하지 못한 부분을 학습하게 되며, 실습을 통해 본인의 적성에 맞는 분야 및 취업으로 연결되기도 한다. 하지만, 익숙하지 않은 실천현장에서의 행정업무 처리 및 클라이언트를 직접 대면해야 하는 과정에서의 불안을 느끼며, 자신의 능력에 대해서 회의를 갖기도 한다.

이러한 문제들은 실습과정 중에 발생하여 실습생의 학습경험을 방해하기도 하고, 문제의 해결에 따라서는 값진 학습경험이 될 수 있다. 이러한 문제 상황은 실습생, 기관, 교육기관의 특성에 따라 매우 다양하게 나타날 수 있으므로, 발생 가능성이 있는 문제 상황에 대해 적절히 준비함으로써 실습에서 발생될 수 있는 갈등을 최소화하고 적절한 학습경험이 될 수 있도록 해야 할 것이다.

실습과정 중 실습생이 경험하게 될 문제와 딜레마에 대한 해결방법은 다음과 같다(김영호·오정호·이은경 공저, 2007: 87-104).

01 실습생 개인문제

1) 실습생의 지각, 결석

개인적인 사정으로 인한 지각이나 결석은 결코 있어서는 안 될 실습생의 기본행동 중의 하나이다. 하지만, 경우에 따라서는 피할 수 없는 사정(예: 질병, 사고, 가족의 사고나 사망 등)으로 인하여 결석이나 지각을 하게 될 때 가장 먼저 해야 할 일은 기관의 실습지도자와 연락하는 것이고, 통화하기 힘들 때에는 반드시 메모를 남겨 놓아야 한다. 그래야만 기관에서는 필요한 조치(예: 클라이언트와의 면담 취소 혹은 연기)를 취할 수 있기 때문이다.

기본적으로 시간의 엄수와 약속은 실습생의 태도를 평가하는 데 있어 매우 중요한 요소로 인식되고 있고, 어떠한 경우이든 결석으로 인한 실습시간의 부족은 보충을 하여 실습시간 160시간(20일 이상)에 법적으로 문제 상황이 발생하지 않도록 조치해야 한다.

2) 실습시간의 조정

기관의 사정에 따라서 실습생이 업무 시간외의 시간을 기관에서 보내야 하는 경우가 있다. 캠프 준비를 위한 밤샘 작업 혹은 2박 3일 정도의 캠프, 다른 직원의 휴가나 결근 등으로 인한 과외 업무 등이 대표적인 예가 될 수 있다. 실습생이 규정된 실습시간 외에 더 많은 시간을 실습에 투자했을 때, 기관에 따라서 실습일 중의 적절한 날 혹은 반나절 정도 휴가를 갖도록 하거나 실습의 종결을 앞당길 수도 있으나, 이러한 결정은 실습기관과 실습지도자와의 충분한 협의를 거쳐 이루어져야 할 것이다.

3) 실습업무의 양과 내용문제

기관에서는 대체적으로 실습생에게 적합한 실습 양을 주기 위해서 노력하지만 기관의 여건에 따라 혹은 실습생 자신의 기대 수준에 따라 너무 많은 업무가 주어지거나 너무 적은 업무가 주어지는 경우가 있다. 간혹 지나치게 많은 업무양이 주어졌더라도 실습생이 최대한의 노력을 기울여 성실하게 업무를 수행하면, 이런 노력이 긍정적으로 평가되어 취업으로 연결되기도 한다. 그렇다고 해서 모든 학생들이 지나치게 가중한 업무를 감당할 수 있는 것은 아니다.

실습생이 많은 업무를 떠맡게 되거나 자신의 능력에 대하여 회의를 가지게 되는 것은 일반적으로 발생할 수 있는 상황이나, 업무의 양이나 수준에 압도되어 견디기 힘든 스트레스(예: 불면증, 소화불량, 공황발작 등)를 경험하게 된다면, 이는 실습생이 처리할 수 있는 수준을 넘어서는 책임을 맡고 있다는 신호이다. 이 경우에 실습생은 실습지도자에게 자신이 경험하고 있는 어려움을 알려야 할 것이다. 이와는 반대로 너무 적은 업무량이 주어질 때 실습을 통한 적절한 학습이나 경험의 기회가 주어지지 않게 되므로, 이 문제 또한 중요하게 다룰 필요가 있다. 이 문제에 대해서 실습지도자와 논의를 거쳤으나 이후에도 부가적인 업무가 주어지지 않는다면, 이는 학교의 실습지도교수에게 보고해야 한다.

실습업무 내용과 관련된 또 다른 문제는 실습생이 제한된 실습시간에 중요한 학습 경험이 될 수 있는 실습과제보다는 기관의 일손 부족을 메우기 위한 단순 보조업무 수행의 역할을 주로 맡게 되는 상황이다. 실습기관에서 특별한 위기 상황의 발생 등으로 이러한 업무를 일시적으로 맡기는 것은 사회복지기관의 현실성을 고려할 때 이해될 수 있는 일이나, 이런 일이 장기간 혹은 반복적으로 발생할 때 실습생은 실습지도자와 이러한 문제를 논의하고, 이러한 절차를 거쳐서도 개선되지 않는다면 실습지도교수에게 알려야 한다.

4) 실습기관의 변경

실습기간 중에 실습기관의 변경은 신중하게 다루어져야 할 문제이다. 특히, 실습이 이미 몇 주가 지난 후에는 매우 어려운 문제이다. 그러나 발생된 문제가 너무 심각하여 실습생이 새로운 기관을 찾아야 하는 상황도 있을 수 있다. 다음은 실습생이 기관을 변경하게 되는 상황이다.

표 4-1 실습생이 기관을 변경하게 되는 상황

- 실습생이 여러 차례 요구했음에도 불구하고 적절한 정도의 실습 지도를 받지 못했을 때
- 실습생이 실습기관에서 할 일이 거의 없거나 주어진 업무가 단순 보조 업무로서, 여러 차례 좀 더 책임 있는 일을 맡겨 달라는 요구를 했음에도 변화가 없을 때
- 실습생이 성적 희롱을 당하고 있거나 위험 상황에 있다고 느낄 때
- 실습생의 개인적인 경험(예: 아동의 성적 학대의 희생자였던 경험)으로 인하여 해당 기관에서 클라이언트의 문제 해결을 위한 상담 업무(예: 가해자와의 상담)에서 클라이언트와 공감할 수 없으며, 이를 해결하기 위한 노력이 거의 불가능한 것을 알았을 때
- 기관에서 학교수업이나 실습 세미나가 이루어지고 있는 시간대에 근무할 것을 요구하고, 이러한 요구를 변경할 수 없을 때
- 실습생과 실습지도자 간에 심각한 성격 차이 등을 실습지도자가 실습생을 믿지 못하게 되었을 때
- 비윤리적이거나 불법적인 실무 활동이 빈번하게 일어나는 기관에서 실습하게 되었을 때

그러나 이와 같은 상황과 유사한 경험을 하고 있다 해도 실습기관을 변경하기 위해서는 신중한 처리가 필요하다. 따라서 실습기관을 변경하기 전에 충분한 대화 노력이 우선적으로 이어져야 할 것이며, 실습생은 실습지도교수와의 협의 없이 실습기관을 변경하거나 부당하다는 이유로 실습업무를 소홀히 하지 않도록 주의해야 한다.

02 윤리적 딜레마와 관련된 대처방안

1) 클라이언트와 기관에 대한 비밀보장

비밀보장이란 사회복지사가 클라이언트의 동의 없이 클라이언트에 대한 정보를 누설하지 않는다는 윤리원칙이다. 실습생은 실습과정에서 알게 된 클라이언트 및 기관의 정보를 동의를 받지 않고는 외부에 공개해서는 안 된다.

2) 사회복지의 가치와 상충문제

가치란 한 집단의 이상과 철학이며 그 집단의 행동을 결정하는 도덕적이며, 윤리적인 원칙으로서, 사회복지사 개인의 경험이 사회복지 개입에 영향을 주게 될 수도 있다. 사회복지 가치에 대한 질문은 정답이 없는 경우가 많으며, 사회복지사는 클라이언트가 가장 덜 고통스러운 선택을 하도록 중재하는 역할을 하게 된다.

전문가로서의 성장을 위해 실습생들은 이러한 상황들을 문제로 인식하여 선택을 위한 대안들을 탐색할 수 있어야 한다. 실습지도자, 기관의 다른 사회복지사나 실습 동료, 그리고 실습세미나에 참석하는 다른 실습생들과 이러한 딜레마에 대해 충분히 논의할 수 있다.

3) 실습생 자신의 정서문제

실습생이 상담하고 있는 클라이언트의 문제 때문에 일반적인 정도를 넘어서 지나치게 자주 혹은 힘들 정도로 우울한 기분을 경험한다면, 실습지도자나 실습지도교수에게 이를 알려야 한다. 실습생 자신의 해결되지 않은 개인적 문제(예: 과거에 경험했던 외상(트라우마, trauma)와 유사한 사례)가 관련되었을 가능성이 있으며, 경우에 따라서는 실습생 자신이 상담을 받는 것이 필요할 수도 있다.

현장실습을 하는 동안 클라이언트와의 정서적 경험을 나누고 경험하는 것이 실습생에게 너무 힘든 작업이라면, 클라이언트와의 직접 서비스보다는 사회복지정책, 행정 혹은 연구·조사 업무가 현장실습업무로 더 적절할 수도 있다.

4) 성희롱문제

실습기관에서 실습지도자와 실습생이 교육과 과제수행을 위해 밀접한 관계를 갖게 되며, 이러한 과정에서 정서적 · 신체적 매력을 느끼게 될 수도 있으나, 실습생과 실습 지도자 관계는 그 본질이 불평등한 위계적 관계이며, 실습지도자는 지도자, 역할 모델, 평가자의 지위를 갖게 된다. 따라서 실습생이 실습지도자로부터 성적인 관계에 동의했다 하더라도, 그 관계의 본질 때문에 이는 비윤리적이며, 비합법적인 활동임에 틀림없다.

실습지도자와 실습생과의 관계는 사회복지사와 클라이언트 관계와 마찬가지로 윤리적인 관계를 유지할 수 있도록 해야 하며, 성희롱 문제(sexual harassment)와 같은 심각한 문제가 특별한 주의를 기울여야 한다. 그러나 실습기관에서 성희롱문제가 발생하여 실습생 스스로 해결할 수 없다고 생각될 때 실습생이 이를 학교의 실습지도교수에게 의논할 수 있어야 한다.

5) 실습기관에서의 실수

실습생의 업무 수행 상 실수는 대개 그럴 수 있는 일로 여길 수 있으며 비교적 관대한 반응을 얻는 편이다. 예를 들어, 클라이언트와의 면접 동안 중요한 정보에 대해 알아보는 것을 잊었다거나 서류에 클라이언트의 서명이 필요한데 이를 잊었을 경우, 조금 불편하기는 해도 전화로 다시 물어 보거나 클라이언트와의 다음 면접에서 알아볼 수 있는 것이다. 그러나 실습생의 실수가 이러한 사소한 경우보다 심각한 경우가 있을 수 있다. 예를 들어, 클라이언트와 면접을 하는 동안 알게 된 개인 정보를 클라이언트가 알리고 싶지 않은 사람에게 말을 해 버렸거나 클라이언트 개인 파일을 잃어버렸을 경우, 클라이언트의 기본 권리를 해치는 경우에 따라 이로 인해 클라이언트에게 해를 입히게 될 수도 있는 것이다. 이러한 중요한 실수를 하게 되었다면, 이를 비밀로 해 두지 말고 즉시 실습지도자와 상의하여 해결 방법을 찾도록 해야 할 것이다.

6) 폭력, 자살위험의 클라이언트

클라이언트의 자살문제는 실습생이 적절히 다루기에는 매우 어려운 문제이다. 클라이언트가 직·간접적으로 자살에 대한 생각을 암시하는 말을 하여 자살을 시도할 위험이 있다고 판단되었을 때, 실습생의 첫

반응은 먼저 클라이언트가 자살을 심각하게 고려하고 있는지 직접적으로 묻는 것이다. 이때, 클라이언트의 눈을 정확히 바라볼 수 있어야 하며, 실습생 스스로가 두려워하거나 주저해서는 안 된다. 클라이언트와 좋은 신뢰 관계(rapport)를 형성하고 있었다면 솔직한 반응을 얻을 수 있을 것이다. 자살의 실행가능성에 대해 시인한다면, 클라이언트와 함께 문제해결을 위한 시간을 더 가질 때까지 자살을 시도하지 않겠다는 계약을 하도록 하며, 클라이언트의 절망의 깊이를 이해하고 희망을 불어넣어 주도록 한다. 클라이언트의 장점과 긍정적인 부분을 지적하고 이제까지의 원조 과정에서 성취해 온 진전을 강조한다. 클라이언트가 자살계획을 시인하거나 시인하지 않더라도 자살의 위험이 심각하다고 판단되면 조속히 정신과 입원을 고려 할 필요가 있다. 이를 클라이언트가 거절한다면 기관의 실습지도자, 클라이언트의 보호자, 경우에 따라서는 경찰에게 이를 보고하는 것이 필요하고 이러한 위급 상황에서는 비밀 보장의 원칙이 유보될 수 있다. 즉, 인간의 생명을 보호하기 위한 의무가 클라이언트와의 비밀 보장에 대한 계약의 준수보다 우선적인 것이다.

기관에 따라 실습생이 폭력적인 클라이언트와 접촉할 가능성이 있는 경우도 있다. 극도로 화를 내고 폭력적인 사람과 상호작용을 할 때 실습생은 자신의 계획을 다른 사람과 먼저 상의하지 않고 위험해 보이는 상황으로 뛰어들지 않으며, 위험한 상황이 있는 가정을 방문 할 때에는 항상 기관에 방문일정을 알리고 가야한다. 실습생의 신변이 위험할 수도 있는 상황에서 실습하게 될 때 실습지도자는 이러한 위험 가능성에 대해 충분히 인식시키고 이에 대한 대처 방안에 대해서 가르쳐 줄 책임이 있다. 실습생이 기관의 안전수칙, 위기개입, 위기처리절차 등을 잘 알고 있어야 하며, 자신과 클라이언트를 보호하기 위해 책임 있는 결정을 내릴 수 있도록 배워야 한다.

5 Chapter

사회복지현장실습 진행과정

사회복지 현장실습의 진행과정을 준비, 초기, 중간, 종결 및 평가 과정으로 살펴보면 다음과 같다.

01 준비 과정

준비 과정은 실습생이 실습과목의 수강신청을 진행하는 것으로부터 시작이 아니라 실천현장 기관에서 실습생을 받을 것인가의 여부를 결정하는 것에서부터 시작한다. 복지기관에서는 실습지도 계획을 세우고, 실습지도자를 선정한다. 이때, 해당 기관에는 실습지도자 요건을 갖춘 사회복지사가 2인 이상 근무하지 않으면 실습기관이 될 수 없다[1].

1) 실습생

(1) 실습기관의 탐색과 선정

실습기관의 탐색과 선정에 관하여 류형택은 다음과 같이 설명하고 있다(류형택 외, 2014 : 91). 학생의 입장에서 만족스러운 실습을 좌우하는 것은 어떤 실습기관을 선택하는가, 그리고 책임감을 가지고 성의 있게 지도해 줄 실습지도자가 있는가에 달려 있다고 볼 수 있다. 그렇기 때문에 실습기관이 실습지도의 중요성을 인식하고 학생들에게 적절한 교육적 경험을 제공하지 않는다면 다른 교과목에 비하여 긴 시간을 투자함에도 불구하고 실습을 통하여 자신을 효과적이고 전문적인 사회복지사로 성장해야 하는 학생들에게 단순히 현장을 경험하는 것으로 그칠 수밖에 없다. 그렇기 때문에 실습생은 본인이 선택해야 하는 실습현장의 선정에 깊은 고민이 있어야 한다.

실습기관의 선정에 있어서 고려하여야 할 실습기관의 기본여건은 다음과 같다.

1) 사회복지현장실습은 사회복지사업법 제2조 제1호에 따른 사회복지사업과 관련된 법인·시설, 기관 및 단체 중에서 실습기관으로 지정된 기관에서만 실습을 진행할 수 있다.

㉠ 사회복지 전문직의 윤리와 가치에 부합되는 사회복지기관이어야 한다.
㉡ 기관이 위치한 지역사회 안에서 전문성을 갖고 본연의 역할을 수행하고 있다는 평판을 받고 있어야 한다.
㉢ 기관의 실무자들은 사회복지전문교육을 받은 자로서 전문교육에 대한 존중과 이해를 하고 있어야 한다,
㉣ 실습생에 의존하지 않고도 기관의 기본적인 프로그램을 개발·운영할 수 있는 직원 규모를 갖추고 있어야 한다.
㉥ 실습프로그램은 기관의 주요 업무 범위 안에서 부서적인 업무에만 국한되지 않게 구성되어야 한다.
㉦ 실습내용은 실습교육 목적에 부합되어야 하며, 가능한 실습생의 학습 단계에 맞는 것이어야 한다. 이를 위해 기관의 실습교육계획은 실습 전에 학교에 알려야 한다.
㉧ 실습생의 교육욕구에 적합한 과제를 지속적으로 제공할 수 있어야 하며, 이에 대한 지도·감독을 수행할 수 있어야 한다. 실습업무는 다양한 집단, 문제를 경험할 수 있는 것이어야 하며, 다양한 서비스 제공의 기회를 접할 수 있는 것이어야 한다.
㉨ 실습지도자에게 실습지도와 감독에 필요한 시간을 할당할 수 있는 기관이어야 한다.

(2) 실습기관의 배정 : 학생과 실습기관의 연결

학교에서 실습생과 실습기관의 배정에 관하여 다음과 같은 것이 고려되어야 한다(류형택 외, 2014 : 92).

첫째, 학생들이 실습기관을 선택할 때는 개인의 관심문제 영역이나 클라이언트를 고려하여야 한다. 둘째, 선택한 실습기관의 성격에 맞게 학생 자신이 사전에 해당과목을 이수하는 등의 준비가 되어야 한다. 셋째, 실습기관에서 정한 실습시간과 실습일 등의 학교의 학사일정에 부합되어야 한다. 넷째, 기관마다 실습지도·감독형태와 질이 다르므로 각 기관에서 요구하는 훈련 및 학습경험의 정도 등을 사전에 알아본다. 다섯째, 학교는 각 기관에 대한 충분한 자료를 바탕으로 실습교육기관을 선정한 후 실습기관 총목록을 작성한다.

2) 기관

실습기관은 실습지도자의 선발 및 여건조성, 실습공간의 확보 및 시설의 제공, 학교와의 긴밀한 연락유지, 학습 환경의 조성 및 유지 등의 역할을 담당해야 한다(류형택 외, 2014 : 90~91).

(1) 실습기관의 조건

실습기관은 실습생의 지도방침 및 프로그램을 정해놓고 기관 전원이 협조하고 통일된 기본적 자세를 결정해 두는 것이 중요하다. 실습생이 실습을 하기에 적합한 기관의 일반적 특성 및 실습지도 시 필요한 조건들을 살펴보면 다음과 같다.

① 기관의 일반적 조건

㉠ 클라이언트, 타 기관들 그리고 지역사회를 대상으로 제공하는 서비스의 행정적 절차기 다른 유형의 기관들의 건전한 기준들과 일치해야 한다.
㉡ 프로그램과 재정적 지원이 안정성을 갖추고 있어야 한다.
㉢ 지역사회의 변화에 대응할 수 있는 능력을 갖고 있으며, 혁신적인 프로그램이나 실천을 실시하고 있어야 한다.
㉣ 다양한 학생들을 균형있게 다룰 수 있는 능력을 가지고 있어야 한다.

ⓜ 재정적 지원이 필요한 학생들에게는 수당을 지급할 수 있는 기관이 선호된다.
ⓑ 진취적인 실습기준에 부합되도록 계속 노력하여야 한다.
ⓢ 학생에 대한 공식적인 안전절차와 규정을 마련해야 한다.
ⓞ 학교와 기관과의 협력에 대한 가능성, 즉, 공동연구, 자문, 기관 내 훈련 등을 마련해야 한다.
ⓙ 지속적인 실습교육을 위해 학교와 장기적인 관계유지에 노력을 기울일 수 있어야 한다.

② 기관의 실습환경 구성기준

㉠ 학습에 도움이 되는 촉진적 환경을 제공해야 한다.
㉡ 실습지도자가 자격에 부합되는 2명 이상의 직원을 두어야 한다.
㉢ 학교의 교과과정에 적합한 서비스 영역과 학생의 전공, 부전공의 사회복지 및 사회사업 실천방법론과 연결되는 교육의 기회를 제공하여야 한다.
㉣ 적절한 시설적 여건이 보장되어야 한다. 즉 사무공간, 기자재, 면담실, 실습생을 위한 공간이 제공되어야 한다.
㉤ 신규임명 실습지도자는 학교에서 필요한 교과목 수강이 가능하도록 시간을 허락해 준다.
㉥ 실습지도자가 학생지도 준비, 학생과의 정기모임, 학교의 실습지도교수와의 협의, 그리고 학교에서 주최하는 모임에 참석할 시간을 허락해야 한다.
㉦ 업무수행 중 사용되는 비용에 대하여 기꺼이 상환해야 한다.
㉧ 실습중인 학생을 인종, 성, 종교, 국적, 나이, 결혼유무, 장애 등의 조건으로 차별해서는 안 된다.

(2) 실습기관의 행정준비

① 행정처리

실습지도 분야가 확정되면 기관 홈페이지 및 한국사회복지사협회 홈페이지에 실습생 모집 안내를 공지하고, 사회복지 교육기관 등에 실습생 모집 공문을 보낸다. 실습 지원자들의 신청서를 수합한 후 실습지도자와의 면담을 통하여 실습생을 선정하고 통지하는 과정이다. 실습생으로 최종 선발이 되면 교육기관에 연락하여 실습의뢰 공문을 발송의뢰하고, 실습 수락서를 학교에 발송함으로서 기본적인 행정처리가 마무리된다.

실습생 모집공고 → 실습생 모집 지원서 접수 → 서류전형 및 지도자 면담 → 실습생 선발

② 오리엔테이션

실습을 통해 실습생은 현장 경험을 하며 실무기술을 익히고 기관에 헌신하며 주어진 업무를 체계적으로 수행하게 된다. 실습 오리엔테이션은 실습생이 실습을 수행할 수 있도록 실습기관에 대한 이해도를 높이고 실습생의 역할과 앞으로 전개될 실습과정 전반에 대한 정보를 제공하여 실습을 준비하게 한다.

㉠ 실습생 소개(자세와 역할 안내)
㉡ 실습기관 소개(역사, 조직구조, 행정체계 등)
㉢ 실습 일정 및 지도자 소개
㉣ 실습관련 과제 등

02 초기 과정

실습이 시작되면 실습지도자는 실습생이 제출한 개인적인 정보 이외에도 개별면담을 진행하면서 실습생의 전공과 관련된 이전 경험, 지식의 정도, 관심사, 학습동기 등을 파악하게 된다. 또한, 각 부서별 기본교육을 실시하고, 실습생들이 배정받은 실습업무를 실시하게 된다.

1) 실습 중 해야 할 일

실습생으로서 열심히 배우는 자세를 유지해야 하고, 정해진 실습시간과 과제를 성실히 수행해야 한다.

① 실습지도 시간을 위한 준비

실습지도를 위하여 정규적으로 마련된 시간을 위한 충분한 준비를 하고, 실습지도 시간 전에 실습지도자에게 필요한 자료(예 : 과정기록이나 프로그램 기획안 등)를 제출함으로써, 지속적이고 책임 있는 자세로 실습 지도에 임해야 한다. 특히 실습생이 실습 지도를 통하여 최대한의 도움을 받기 위해서는 사전에 철저한 준비를 하는 것이 필요한데, 예를 들어 실습지도 시간 전에 의문사항이나 상의하고자 하는 문제들을 정리해 두며, 자신의 학습경험을 위하여 요청할 것들을 미리 적어놓아 빠짐없이 다룰 수 있도록 해야 한다.

② 실습과제의 기록과 제출

표 5-1 실습일지 작성원칙

실습일지 작성원칙
1. 실습일지는 사실대로 정확한 표현을 사용하여 작성한다. 2. 내용상에 거짓이 없어야 하며, 허위 · 과장된 내용 기록 금지 한다. 3. 하루의 일과를 일부 삭제하는 경우(누락) 금지 한다. 4. 구체적 · 객관적 · 논리적 · 긍정적으로 작성한다. 5. 정확한 전문 용어를 사용 작성한다. 6. 각종 기관의 고유 명칭을 사용하고, 약어를 사용하지 않는다. 7. 글씨는 깨끗하고 단정하게, 문어체(~ 하는 것이다)로 작성한다. 8. 맞춤법(띄어쓰기, 표기 등)에 유의하여야 한다. 9. 공문서 작성요령[2]에 의거하여 기록한다.

2) 공문서 작성예시
① 용지 : A4용지(가로 210㎜ × 세로 297㎜), ② 용지여백 : 위 30㎜, 왼쪽 20㎜, 오른쪽 15㎜, 아래 15㎜.
③ 볼펜 : 검정색 또는 파랑색 볼펜. ④ 글쓰기 : 가로쓰기(좌에서 우로).
⑤ 교정시 자로 두줄 후 서명 또는 날인. ⑥ 숫자 : 특별한 경우를 제외하고는 아라비아숫자를 사용.
⑦ 금액 표시 : 금123,000원(금일십이만삼천원). ⑧ 항목의 구분 : 2타 띄움.
⑨ 문서 작성시 유의사항.
- 정확성(바른 글) : 6하(누가, 언제, 어디서, 무엇을, 어떻게, 왜) 원칙.
- 신속성(이해가 빠른 글) : 문장은 짧게 끊어서 개조식으로 쓴다.
- 용이성(쉬운 글) : 읽기 쉽고 알기 쉬운 말을 쓴다.
- 경제성 : 용지의 규격을 표준화. 반복적인 업무는 표준 기안문 제도 활용한다.

실습일지, 과정기록, 프로그램 기획안과 결과보고서, 중간평가서와 종결평가서 등 실습과제의 수행과 관련되어 작성하도록 기대되는 모든 문서작성 및 기록을 정해진 기간 내에 작성하여 제출한다. 모든 문서를 작성할 때는 문법에 맞으며, 간결하고 명료한 문장을 구사할 수 있도록 주의해야한다.

③ 실습 중 문제 상황 발생 시 대처

실습 중 문제 상황이 발생하면 즉시, 실습지도자와 개별 면담을 통해 적극적으로 해결하고자 노력해야하며, 결근 또는 실습중단과 같은 극단적인 선택이 되지 않도록 주의해야 한다. 실습지도자와 문제 상황에 대해 면담을 진행하여도 변화가 발생하지 않으면 실습지도교수에게 알리고 상담을 통해 실습 진행에 문제가 발생하지 않도록 한다.

03 중간 과정

실습의 중간 과정에서 실습생은 실제적인 현장 업무에 투입된다. 실습지도자는 실습생에게 배정된 담당 실습 업무를 점검하고 슈퍼비전과 교육을 통하여 학생의 전문적인 성장을 돕는다. 또한 이 과정에서는 실습의 중간평가가 이루어지는데, 중간평가는 학생의 실천업무를 평가하기 위한 것으로 실습지도자는 이를 바탕으로 앞으로 남은 실습지도의 내용을 수정, 보완하게 된다.

1) 실습 업무 점검

실습지도자는 실습생이 작성한 실습일지, 프로그램 계획서 및 평가서, 기록 등을 활용하여 실습생의 담당 업무를 지속적으로 점검한다.

2) 중간평가

실습생이 중간평가서를 작성하고 부서/팀별로 실습지도자와 실습생이 함께 모여 이에 대한 논의를 하게 된다.

- 수행한 실습내용
- 학습목표의 달성정도의 평가
- 학습목표 달성을 위한 하반기 계획
- 실습지도자에 대한 건의사항

- 결재 : 결재를 득했을 때 문서로서 효력이 발생하며, 서명 칸은 동일한 규격으로 작성한다.

04 종결 및 평가단계

클라이언트와의 적절한 종결과 실습생의 종결은 사회복지현장실습에서 매우 중요한 부분이다. 종결이 다가오면서 실습생과 실습지도자는 실습과제의 마무리와 평가 등 공식적인 처리를 하는 일들뿐만 아니라 중요한 부분을 차지했던 인간적 관계를 종결하는 작업도 준비하여야 한다.

1) 종결 단계

종결 단계의 주요 업무는 실습생들이 실습 결과를 통합하고 정리할 수 있도록 하는 것이다. 즉, 실습지도자와 실습생은 실습을 통해서 수행한 업무와 지식 및 기술 향상에 대해서 논의하고 이것이 어떻게 이루어졌는가를 명확히 점검하며, 실습 전반에 대한 최종 평가를 실시하게 된다. 실습생들의 업무와 학습에 맞춰 평가를 한다. 교육기관에 실습생에 대한 실습 평가서를 발송하고 실습지도와 관련된 피드백이나 건의사항을 전달하는 행정 처리를 수행한다.

(1) 실습생 (자기) 평가

실습생이 자신의 실습활동을 총체적으로 평가하는 것으로 종합평가와 실습보고회가 실시된다. 종합평가는 실습생이 종합평가서를 작성하고 부서/팀별로 실습생과 실습지도자가 함께 모여 이에 대한 논의를 하게 된다. 실습보고회는 실습생들이 기관 직원들을 대상으로 실습 내용에 대한 발표를 하는 시간이다.

실습경험의 검토차원에서 실습생의 자기평가에 대한 내용은 다음과 같은 내용이 포함되어야 한다.

> 첫째, 실습의 긍정적·부정적인 경험에 대하여 되돌아본다. 즉, 실습동안의 만족스럽고 성취감을 주었던 활동과 사건, 상호작용을 돌이켜보고 좌절감과 긴장을 주었던 경험도 마찬가지로 회상애 본다.
> 둘째, 습득한 학습경험에 대한 검토가 이루어져야 한다. 실습을 마치면서 사회복지실천현장에서의 실천경험을 통해 사회복지에 관한 지식의 증가, 실천기술의 향상, 이론과 실제의 통합 등 성취감을 갖고 자신감을 가질 수 도 있었을 것이다. 그러나 오히려 자신의 지식과 능력의 부족함을 깨닫고 장래에 대한 두려움을 경험하기도 안다. 따라서 습득한 지식과 기술, 가치를 실습 이전과 구체적으로 비교함으로써 실습을 통해 성취한 학습을 평가해야 한다. 이때 종결평가서를 작성하여 실습기관과 실습세미나에서 발표하는 것이 큰 도움이 된다.
> 셋째, 전문가로서 발전을 위한 검토가 필요하다. 예를 들어 내가 왜 사회복지사가 되려 하는가, 사회복지사로서의 직업이 나에게 맞는가, 사회복지사로서 나의 장점과 약점은 무엇인가, 나에게 맞는 클라이언트 대상이나 문제 영역은 무엇인가 등 자신의 장래와 관련된 의문에 확신, 혹은 이에 더 가까이 접근하는 계기가 될 수 있을 것이다.

(2) 실습지도 평가

실습기관의 실습지도 프로그램에 중점을 두고 실시되는 평가로서 실습평가, 실습지도자 평가, 실습지도 평가회가 진행된다. 실습생들은 실습지도 프로그램에 대한 실습평가와 실습지도자에 대한 실습지도자 평가를 실시한다.

(3) 실습 종결 평가

실습 마지막 주에는 실습기관의 모든 직원과 실습생이 모여 실습의 전 과정에 대한 실습생의 보고와 실습지도자의 평가, 실습생의 배운 점, 기관에 대한 제언, 목표의 성취정도 등에 대하여 발표하고 평가하는 실습보고회의 시간을 갖는다. 실습생은 종결평가서에서 실습의 전 과정에 대한 평가를 하게 되는데, 실습생이 완성하여 실습지도자와 논의한 종결평가서는 기관에서 실시되는 실습보고회를 위해 준비되고 사용될 수 있다.

종결평가를 통해 실습생은 실습의 성공적인 수행여부 뿐만 아니라, 예비 사회복지사로서의 자세와 노력, 실천현장에서의 대인관계 능력과 자원활용정도, 사회복지직에 대한 인식과 동기를 점검해 볼 수 있는 기회를 가질 수 있다. 실습기관과 교육기관에서는 실습생의 입장에서 제기된 기관의 실습교육에 대한 전체적인 평가를 통해서, 기관에서 제공하고 있는 실습교육의 강점과 문제점에 대한 인식을 할 수 있다.

실습생의 종결평가서는 실습전반에 걸쳐서 경험한 학습목표의 성취 정도를 평가하는 것이고, 실습을 통해 얻은 지식, 기술, 경험 등을 구체적으로 기술해야 한다. 또한, 사회복지사로서의 자아인식의 변화와 기관에 대한 평가를 통하여, 실습생의 실습 전 과정에 대한 평가를 하고 실습기관에 대한 제언이 포함된다.

(4) 실습 보고서 제작 및 제출

실습 오리엔테이션을 통해 공지된 사항에 따라 교육기관에 제출할 제본을 만들고, 제출마감일전에 실습 지도교수님께 제출하면 모든 실습과정이 마무리된다.

2) 관계 종결

(1) 클라이언트와의 종결

클라이언트와 종결하는 과업은 정서적 반응의 정리이다. 실습과정을 통하여 실습생과 클라이언트와의 사이에 필연적으로 특별한 인간관계가 생겨난다. 실습생은 개입의 효과를 위해 진실하고 수용적이며 안정적인 관계를 유지하도록 노력해 왔을 것이다. 그러므로 이러한 우호적인 관계를 종결한다는 것은 클라이언트에게 감정적인 부담이 될 수 있다. 따라서 실습생은 실습의 종결을 앞두고 클라이언트가 이러한 자신의 감정들을 표현하도록 도와주고 잘 처리할 수 있도록 도와야 한다.

(2) 실습지도자와 직원, 다른 실습생과의 관계 종결

실습생과 실습지도자는 모두 실습의 종결에 대해 양가감정을 갖게 되는데, 실습을 무사히 마치고 학습과 교육(Learning / Teaching) 관계를 성공적으로 이루어낼 수 있었다는 안도감과 동시에 각자의 생활에서 중요했던 관계가 끝나게 되는 것에 대한 상실감을 경험하게 된다.

실습지도자는 종결에 대한 감정을 적절히 조절하면서 실습생이 자신의 클라이언트와의 관계를 종결하는데 필요한 기술을 습득할 수 있는 중요한 모델링이 될 수 있도록 행동하여야 한다. 실습생은 실습을 종결하면서 자신이 실습기관에서 인간관계에 얼마나 심리적으로 투자했었는지를 인식하게 된다. 이별이 가까워지면서 이별과 상실감이 나타날 수도 있고 반대로 아무렇지 않을 수도 있다.

실습의 종결시기가 다가오면서 실습기관에서 특별히 인간적인 관계를 형성했던 실습지도자, 직원 혹은 다른 실습생들에게 어떻게 감사와 인사를 전할 것인지를 미리 생각해 두고 이들에게 자신의 마음을 전하는 것은 의미 있는 관계를 만족스럽게 종결하기 위해 필요한 과정이다(류형택 외, 2014 : 113).

(3) 실습종료 후 해야 할 일

실습일정이 종료하게 되면 실습지도교수에게 실습종료를 보고하고, 그동안 작성되었던 서류 및 실습관련 자료를 정리한다.

① 실습세미나 참여

교육기관에서의 실습교육인 실습세미나에 빠짐없이 출석하여 자신의 실습 진행 상황을 발표하고 다른 실습생의 실습 진행상황에 대한 관심을 표한다. 또한, 교육기관의 실습지도교수가 요구하는 다양한 실습 과제물을 제출하여 학교에서의 적절한 실습지도가 이루어질 수 있도록 한다.

② 실습평가에 참여

실습평가를 할 때 자신의 실습과제 수행에 대한 평가과정에 적극적으로 참여하고, 실습기관과 학교에서의 실습교육에 대한 평가를 함으로써, 이후의 실습교육방법을 행상시키는 데 기여한다.

PART 02

사회복지현장실습 서류 작성의 이해

Chapter 6

실습일지 작성의 이해

01 실습일지 작성의 목적

실습일지는 실습하는 동안 매일의 일과를 기록하는 것으로, 일반적으로 당일의 실습일정, 실습내용 그리고 실습소감(의견) 및 평가, 실습지도자의 슈퍼비전으로 구성되어 있다. 실습과정에 있어서 실습의 구체적인 내용을 서술하고 기록하는 것으로 매우 중요한 것이기에 특히 실습생들은 하루하루 실습일지 작성에 중요성을 인식해야 한다. 실습일지를 작성함에 있어서 실습생은 자신의 장점, 부족한 점을 객관적으로 인식하여 학습경험 향상에 기여할 수 있게 되며, 실습지도자에게는 실습 업무수행 활동에 대한 실습생의 반응도 파악이 가능하다. 또한 실습일지를 통해 기관 업무수행의 문제점에 대한 발전적 제안을 한다면 기관 운영에 간접적으로도 기여할 수 있게 된다.

02 실습일지 작성 방법

표 6-1 실습일지 작성원칙

실습일지 작성원칙
1. 실습일지는 사실대로 정확한 표현을 사용하여 작성한다.
2. 내용상에 거짓이 없어야 하며, 허위·과장된 내용 기록 금지 한다.
3. 하루의 일과를 일부 삭제하는 경우(누락) 금지 한다.
4. 구체적·객관적·논리적·긍정적으로 작성한다.
5. 정확한 전문 용어를 사용 작성한다.
6. 각종 기관의 고유 명칭을 사용하고, 약어를 사용하지 않는다.
7. 글씨는 깨끗하고 단정하게, 문어체(~ 하는 것이다)로 작성한다.
8. 맞춤법(띄어쓰기, 표기 등)에 유의하여야 한다.
9. 공문서 작성요령[3])에 의거하여 기록한다.

03 실습일지 작성 예시

실습내용이 충실히 기록되어야 하며, 총 실습시간이 160시간 이상 달성되어야 한다. 실습과 관련한 사진이나 자료를 뒷면에 부착하여 실습이 철저히 이루어졌음을 증명 한다.

실 습 일 지

20○○년 ○○월 ○○일 ○요일		실습생	실습 지도자	실습 기관장
근무 시간	○○ 시 ~ ○○ 시	○○○ (인)	○○○ (인)	○○○ (인)

1. 오늘의 목표

복지부 현장 실습 : 사회복지 봉사활동 대상자 인증관리 및 어르신 노래교실 프로그램 참여

2. 진행내용(시간, 내용 등을 중심으로 기록) : 세부내용 구체적으로 기술

〈오전〉

09:00~12:00

복지부 행정업무 중 사회복지 봉사활동 시간을 vms(사회복지 봉사활동 인증관리)사이트에 등록하는 업무(복지활동이 의무화 되어 있는 기관단체 또는 재학 중인 학생들이 대부분 봉사활동을 활발히 하고 있음. 사업업무보조 및 세탁실보조, 식당보조, 요양실보조 등 여러 분야에서 봉사활동을 하고 있는데, 이는 값진 경험이 되고 일반인들이 사회복지에 관심을 갖는 시간이 되고 봉사기간을 채우더라도 꾸준히 봉사할 수 있는 계기가 될 것이라 생각함. 봉사자는 봉사시간을 일지에 기록하고 간략한 봉사내용을 기재함) : 봉사일지를 취합해서 vms에 접속⇒봉사자 로그인⇒인증관리요원 로그인⇒인증관리 DB시스템 접속 후 봉사 실적 관리⇒봉사자 실적관리에 등록 이름 또는 주민등록번호 검색을 하여 봉사자를 클릭하여 봉사 일자 시간을 입력해 줌. 미등록 봉사자는 봉사자 일지에 미등록 표시를 하여 다음 회차에 봉사활동 기록과 함께 등록시킴.

---

3) 공문서 작성예시

① 용지 : A4용지(가로 210㎜ × 세로 297㎜), ② 용지여백 : 위 30㎜, 왼쪽 20㎜, 오른쪽 15㎜, 아래 15㎜.
③ 볼펜 : 검정색 또는 파랑색 볼펜. ④ 글쓰기 : 가로쓰기(좌에서 우로).
⑤ 교정시 자로 두줄 후 서명 또는 날인. ⑥ 숫자 : 특별한 경우를 제외하고는 아라비아숫자를 사용.
⑦ 금액 표시 : 금123,000원(금일십이만삼천원). ⑧ 항목의 구분 : 2타 띄움.
⑨ 문서 작성시 유의사항.
- 정확성(바른 글) : 6하(누가, 언제, 어디서, 무엇을, 어떻게, 왜) 원칙.
- 신속성(이해가 빠른 글) : 문장은 짧게 끊어서 개조식으로 쓴다.
- 용이성(쉬운 글) : 읽기 쉽고 알기 쉬운 말을 쓴다.
- 경제성 : 용지의 규격을 표준화. 반복적인 업무는 표준 기안문 제도 활용한다.
- 결재 : 결재를 득했을 때 문서로서 효력이 발생하며, 서명 칸은 동일한 규격으로 작성한다.

〈오후〉
12:00~13:00 점심시간 및 휴식 (※점심식사시간은 실습시간으로 불인정)
13:00~15:00 vms등록 (일반인/학생별로 등록하는 작업을 오전에 이어 계속 입력함.)
15:00~16:30
어르신 노래교실 프로그램 참여 : 4층 대강당에서 노래강사 선생님의 진행으로 어르신들의 노래교실을 참여함. 사회복지 선생님, 실습생, 요양보호사 선생님들과 어르신들이 한마음이 되어 흥겨운 노래 가락에 어깨춤도 덩실덩실 추시고 끊임없는 박수를 치며 어르신의 흥을 돋우기 시작해 열기가 뜨거웠음.
어르신의 애창곡을 미리 조사해 강사님의 애창곡 메들리가 이어졌고, 나를 비롯해 실습 선생님의 노래도 들어볼 수 있었음. 노래 한 곡조 들려 달라고 어르신께 여쭈니 쑥스러워 하시며 마이크를 잡고 노래 부르시는 모습이 즐거워 보였음.
함께하여 힘든 곳이 아니라 함께하여 즐거운 곳인 ○○○에서 웃으며 즐겁게 지낼 수 있는 나날이 되시기를 바라는 마음임. 한 시간 넘는 시간 동안 나는 환호와 박수를 한시라도 멈출 수가 없었음.
16:30~18:00 사무실에 돌아와 컴퓨터 작업을 마무리 짓고 퇴근함.

3. 실습생 의견 (배운 점, 의문사항, 건의 등 포함)

〈배운점〉
실질적인 주요업무 외에도 실습생, 사회봉사자 관리도 미리 파악하여 해당부서에 인원 배치하는 스케줄을 미리 작성하여야 하고 봉사 후에는 인증등록, 실습일지와 실습관련 서류 작성, 교육 등 실습봉사자관리에도 사회복지사는 해야 할 일들이 많은 것 같다.
실습 중에 사회복지 업무에 관한 일은 매우 중요하면서도 핵심적이고 어떠한 실수도 없어야 하기 때문에 작업하면서 주의를 기울여야 하고 의문이 나는 것은 즉각 질문을 해서 일의 정확성과 신속한 처리를 해야 하므로 제일 힘든 것 같다.
하지만 내가 관심이 있고 배우고 싶은 일은 행정 업무이기 때문에 여러 가지 업무를 익히는 것은 즐겁고 유익한 경험이 된다.

〈의견 및 건의〉
치매·중풍·뇌질환 등 노인성 만성질환으로 거동이 불편하고 일상생활 또한 불편한 어르신들이 이곳에 입소해 계신다. 자식들 입장에서도 늙고 병든 부모님을 제대로 모시지 못해 마음 아파할 것이지만, 내 부모님이 노년을 보낼 장소이니 만큼 건강, 재활, 여가생활에 관련된 서비스는 요양원 입장에서는 매우 중요하리라 생각한다.
○○○ 노인요양원에서는 편안한 휴식처를 제공함과 더불어 미술치료, 물리치료, 재활치료, 생신파티, 기념일 행사, 명절행사, 노래교실, 신체활동 등 다양한 프로그램으로 여가 서비스를 제공하는데, 오늘 참여한 노래교실은 어르신들에게 호응도 좋고 즐겁고 기쁘게 생활하시는 데 큰 활력소가 되는 것 같다.

4. 실습지도자 의견

대상자관리, 보호자 등 고객응대, 프로그램개발 및 진행, 자원봉사자 등 외부인력의 관리 등 사회복지기관이나 시설에서 사회복지사가 해야 할 업무는 광대합니다. 사회복지사는 주어진 업무를 잘 숙지하여 업무의 누수가 나지 않도록 수행해야 합니다.

5. 실습 증빙자료나 사진

※ 실습관련 증빙자료나 사진을 부착한다.

Chapter 7

실습보고서 작성의 이해

01 실습신청서

실습신청서는 실습을 시작하기 전 학교에 제출하는 것으로, 실습생은 실습기관을 방문하여 실습지도자와 협의된 실습기간 등 기본적인 사항을 기재하여 실습의뢰공문을 신청하는 것이다. 교육기관에서는 현장 실습처로 실습 의뢰공문을 작성하여 발송하며, 발송 시에는 교육기관의 장(예: 총장) 명의로 발송되거나 교육기관의 부서장(예: 학과장) 명의로 발송되기도 한다.

실습신청서)

실 습 신 청 서

○ 실습기관명 : ____________________

1. 실습생 인적사항

성 명		생년월일	
연락처			
E-Mail			

2. 실습 의뢰내용

실습 내용		
실습 지도자		
실습 기간/요일		
실습기관 주소		
실습기관 연락처	Tel :	FAX:

* 상기 내용으로 실습신청을 의뢰하며 실습생 프로파일을 첨부합니다.

신청인(학생명) : ____________________ 인

02 실습지도계획서

실습지도자는 실습지의 현황과 실습생과 협의하여 실습계획을 작성하며, 이 계획에 따라 실습이 진행된다.

실 습 지 도 계 획 서

실습지도자 : ○ ○ ○

1. 실습목적 :

사회복지현장실습 지도를 통해 정확한 슈퍼비전을 제공하여 노인복지 분야에 대한 올바른 이해 및 기술을 습득하도록 하여 전문 사회복지사 양성에 일조함으로써 노인복지 발전에 기여

2. 실습목표 :

노인복지 분야에 대한 교육과 토론, 실무과정 참여를 통해 준 사회복지사로서의 스스로의 자기 관점과 전망을 가지도록 한다.

3. 실습분야 : 노인케어, 노인요양시설 복지행정, 재가복지행정
4. 실습기간 : 20○○. ○○. ○○ ~ ○○. ○○(월요일~일요일) 9~18시, 총 20일
5. 실습대상 : 장기요양등급자
6. 교육계획

단위시간	내용	담당	비고
64시간	노인케어 및 입소 및 생활 상담, 프로그램 진행	○○○	8회기
80시간	노인요양시설 복지행정, 급여청구 등	○○○	10회기
16시간	재가복지 복지행정	○○○ ○○○	2회기

7. 실습지도방법
   - 개별실습지도 계획 : 상담 역할극, 욕구평가
   - 집단실습지도 계획 : 프로그램 보조 진행 및 참관
   - 기타 계획 : 수가 계산

8. 실습일정 : 개별유인물 배부

9. 실습생의 책임과 과제 : 없음

10. 참고도서

03 사회복지현장실습 지도기록서

실습지도자는 실습계획서에 따라 실습을 지도하며, 그에 따른 실습지도의 결과를 기록한다. 실습지도계획에 따른 실행의 근거인 일지 상의 내용, 실습지도기록서의 내용 등이 일치되어야 한다.

실 습 지 도 기 록 서

ㅇ 실습지도자 : ○ ○ ○ (인)
ㅇ 실 습 생 : ○ ○ ○ (인)

번호	년 월 일	실습지도 내용	비 고
1	2000.00.00	실습기관 소개 및 기본적인 일정 이해하기	
2	2000.00.00	복지행정업무의 이해	
3	2000.00.00	사회복지정보시스템의 이해	
4	2000.00.00	데이케어 : 추계야외학습 진행 보조	
5	2000.00.00	복지행정업무 및 안내데스크	
6	2000.00.00	복지행정보조, 프로그램 보조	
7	2000.00.00	노인케어	
8	2000.00.00	노인케어 및 요양보호사 관리의 이해	
9	2000.00.00	노인케어 및 가족상담의 이해	
10	2000.00.00	프로그램 개발 및 진행, 중간평가회	
11	2000.00.00	노인케어	
12	2000.00.00	복지행정업무 및 프로그램 보조	
13	2000.00.00	(요양) 급여 신청 및 정산의 이해	
14	2000.00.00	노인케어	
15	2000.00.00	복지행정업무 및 프로그램 진행	
16	2000.00.00	복지행정업무 및 프로그램 진행	
17	2000.00.00	복지행정업무 및 이용자 퇴소에 따른 종결방법 등	
18	2000.00.00	노인복지사업 전반적인 이해	
19	2000.00.00	실습종결 준비 및 관계의 이해	
20	2000.00.00	실습종결평가회 및 마무리	

04 실습기관 분석보고서

본인이 실습한 실습기관에 대한 사회, 문화, 환경, 지역사회자원, 프로그램 등을 파악하여 기록한다.

실습기관 분석 보고서

실습생명	○○○	실습기관명	○○○○○○
기관주소	서울시 ○○○ ○○○ ○○○ (전화 : 02-○○○-○○○○)		

1. 기관의 역사

(1) 기관 설립동기 및 설립목적

노인복지사업, 보육사업, 장애인 복지사업, 지역복지 사업 등을 통하여 지역사회의 복지 증진을 목적으로 한다. 급격한 고령사회의 진입으로 인한 가족부양부담의 증가로 정부에서 노인 장기 요양 보험 제도를 도입하였으나, 치매·뇌졸증 등 노인성 질환의 어르신을 모실 수 있는 공간이 부족함을 인식하고, 이러한 사회적 흐름에 발 빠르게 대응하며 인프라 구축의 문제점을 해소하고 노인복지 증진에 기여하고자 하는 뜻으로 건립하게 되었다.

(2) 기관 사업의 역사적 변천

◎ ○○○ ○○사에서 사회복지법인 ○○○에서 설립- 19○○.○○.○○
◎ ○○사 자부담으로 노유자 시설을 건축, 완공 - 19○○.○○.○○
◎ ○○○ 신개축 - 20○○
◎ ○○ 노인복지 타운 개관식 - 20○○.○.○○
◎ ○○ 노인복지타운, 노인요양원, 노인소규모요양원, 노인요양공동생활가정, 총 9개 시설
◎ 노인요양원 ○○로 시설 통합 - 20○○.○.○

(3) 기관 역사에 대한 실습생의 평가

○○구 ○○동에 위치한 ○○사가 노인복지시설 ○○○을 설립하였다. 300여 병상의 규모를 갖춘 노인요양원은 ○○의 마을, ○○마을, ○○○의 집이란 이름의 방을 만들었다. 개신교나 천주교 등 누구나 찾아와 몸을 의탁하고 자유로운 신앙생활을 할 수 있도록 개방한 대표이사 ○○○의 뜻을 인상 깊게 생각한다. 일찍이 사회복지에 관심을 갖고 복지시설을 준비하여 성공적인 시설을 운영해온 대표이사님에게 존경스러운 마음을 가지며, 이곳에서 실습할 수 있어서 자랑스럽다.

2. 기관의 목적

노인 장기 요양 보험 제도에 맞춘 고객 중심의 서비스를 제공하고자 시설급여로 노인요양원에서 244명 어르신을 24시간 안정적으로 케어하며, 재가급여로 ○○ 재가방문 요양센터의 운영을 통한 160명 어르신이 가정에서 양질의 케어서비스를 받을 수 있다. 또한 서울형 인증 ○○데이케어센터에서 20명의 어르신을 주·야간 보호하며 이외에도 사회복지학회, ○○노인복지연구소, ○○치매상담센터를 병립하여 운영하며 노인복지에 대한 이론 확립과 실천을 이루어 냈다.
분야별 완성형 종사자를 구축하여 정확한 케어 플랜을 통해 어르신 돌봄에 정성을 다하며 건강하고 편안한 삶을 최우선으로 하며 다양한 전문 프로그램을 기획·실행하고 있다.

3. 기관의 주요사업 및 프로그램

(1) 클라이언트 및 대상 지역

•치매, 뇌졸중 등의 노인성 질환으로 수발을 필요로 하는 어르신들의 입소보호를 통한 보호 자의 부담을 경감시키며, 입소어르신의 잔존 기능 향상을 도모하여 보다 안정적 인 노후생활을 지원

•장기요양 등급 판정 위원회에서 1~3등급을 받아 시설 입소가 결정된 어르신을 대상으로 한다.

(2) 주요사업

- 상담 서비스 : 개별상담, 가족상담, 전문상담
- 노인 요양원
  - 의료서비스 : 전문 간호 서비스, 욕창관리, 한방치료, 양방치료
  - 기능회복서비스 : 물리치료, 기치료, 건강 체조, 심리상담
  - 위생관리서비스 : 이·미용, 목욕
  - 여가서비스 : 노래교실, 미술치료, 신체활동
- 주·야간 보호센터
- 방문요양, 방문목욕

(3) 서비스 전달체계

행정체계로는 서울시, 보건복지부가 있고, 노인복지 서비스 네트워크로 사회복지공무원, 보육사업, 지역사회복지사업, 노인복지사업 등 지역사회 내에서 계속적으로 양•질적이 서비스를 받을 수 있다.

(4) 기관의 대상층 및 주요사업에 대한 실습생의 평가

노인 프로그램을 실습기간동안 체험을 하면서 무료하게 보낼 수 있는 시간을 어르신들의 프로그램 참여시 활기가 생기고, 의욕•성취감을 느끼는 시간으로 만들 수 있다. 사회복지사의 역할은 치매 어르신의 현 상태 유지와 치매 속도의 완화를 위해서 적극적 참여를 유도해야 하고, 건강상태를 고려한 특성화 된 식사와 어르신 가족을 대상으로 하는 입소상담, 케어상담 등을 통한 올바른 정보 제공과 교육을 하는 전문상담 프로그램도 체계가 잘 되어있다. 이처럼 관심을 갖고 복지 시설

4. 기관의 행정사항

(1) 기관의 조직구조

대표이사	사무국장	사회복지사	영양사	간호사	간호조무사	물리치료	요양보호사
1	1	12	1	9	10	1	106
조리원	위생원	경비	관리	미화원	사무원	전산직	합계 (총 직원)
10	3	2	2	3	2	1	164

(2) 예산, 후원 및 지원 사항

- ○○○ ○○마을 예산 : 약 51억 6천만원
- 인적·물적 자원 : 청구○○병원, ○○대 ○○병원
  프로그램진행 (이·미용, 생신잔치, 신체활동, 미술치료, 한방, 내과진료)
  사회봉사자, ○○구 보건소

(3) 기관의 행정구조와 예산 사용 및 후원에 대한 실습생의 평가

가예산을 미리 구청에 보고하는 형식이다. 시설 규모나 사업내용을 보면 정확한 예산 내용은 다 알 수 없지만 후원금이나 지원금•지원품목을 투명하게 관리하고, 소식지와 게시판에 공개하는 형식을 갖추었다. 외부자원도 인적•물적 자원이 많은 지원을 아끼지 않는다.

5. 기관이 속한 지역사회, 물리적 환경의 특징

(1) 지역사회
- ○○시 노인인구 : 1,019,091명
- ○○구 노인인구 현황 : 55,206명(11.2%)
- ○○구 독거노인 현황 : 11,795명

(2) 물리적 환경(시설, 공간 등)
- 대지 : 3,11.07㎡(941.7평) / 건물 : 6,488.57㎡(1,962.78평)
  - 층수 : 지상 4층, 지하 2층/ 시설 : 노인요양원 ○○마을(247명 입소가능), ○○데이케어, ○○재가노인복지센터
- 층별 안내 지하 2층 : 기계실 / 전기실 / 발전기실 / 세탁실 / 건조실 / 창고
  - 로비층 : 슈퍼비전실 / 법인 사무국 / 사무실 / 회의실 / 상담실 / ○○재가노인복지센터 방재실 / 전산실 / 통신실 / 식당
  - 지상1층 : ○○마을 요양실 / ○○ 작은 도서관
  - 지상2층 : ○○마을 요양실 / ○○데이케어센터
  - 지상3층 : ○○마을 요양원 / 프로그램실 / 전자동 월풀 목욕실
  - 지상4층 : 대강당 / 시청각교육실 / 프로그램실 / 교육관 / 물리치료실 / 재활운동치료실 / 연구실 / 이·미용실 / 법당
  - 옥상층 : 하늘공원 / 태양열 시스템

6. 사회복지기관으로서 지역 내 타 기관들과의 연계

(1) 관계유형 및 내용

국민건강보험공단○○지사, 복지재단, ○○노인복지시설협회, ○○시사회복지협회, 대한불교 조계종 복지재단, ○○여성○○개발센터 등 기관 가의 체계적 연관성이 있다.

(2) 기관의 타 기관과의 관계유지에 대한 실습생의 평가

사회복지사가 서비스를 제공하는데 있어 보다 질 좋은 서비스를 제공하고 서비스 대상자에게 궁극적인 행복을 돕기 위해 타 기관의 자원을 공유하고 지원받고 있다.

모집된 자원 프로그램 및 기능 보강에 큰 영향을 주고 타 기관에서의 후원자 후원금 등은 시설운영에 큰 도움이 되고 있었다.

7. 기관의 특별한 면이나 전반적인 사항에 대한 인상이나 느낌

어르신들을 위한 21세기형 복지타운을 형성하고 ONE-STOP 토털 시스템을 구축하고 케어플랜을 통한 맞춤형 서비스로 어르신 잔존 능력 유지와 향상을 돕는다. 직원들도 자체교육과 자기개발기회를 제공하여 최고의 전문가로 부서별로 구성되어 있다. 어르신 가족과의 상호교류와 상담도 지속적으로 시행하여 상호보완적인 도움으로 어르신 케어를 하고 있으며 어르신들을 위한 가족 같은 복지마인드와 어르신을 향한 열정이 직원들에게서 물씬 느껴지는 곳이다.

05 실습중간평가서

실습중간에 이루어지는 평가로써 실습과정 중 발생하는 상황이나 환경, 스스로의 마음가짐 등을 스스로 평가하여 기록한다.

실 습 중 간 평 가 서

※ 본 평가서는 사회복지현장실습 지침서를 참고하여 실습생 본인이 작성하며, 서술양식으로 작성한 뒤 실습 실습지도자와 평가회를 갖는 것을 추천함.

실습생명	○○○	실습기관명	사회복지법인 ○○○
실습기간	20○○년 ○○월 ○○일~ 20○○년 ○○월 ○○일	실습지도자	○○○ 복지과장님
실습평가일	20○○년 ○○월 ○○일	실습지도교수	○○○ 교수님

1. 실습목표와 관련된 실습내용 및 역할에 대한 평가

1.1. 수행한 실습내용 및 역할의 요약

사회복지법인 ○○○노인요양시설에는 ○○마을 노인요양원, ○○데이케어센터 ○○재가복지센터 분야의 다양한 경험의 실습을 할 수 있는 큰 장점이 있다.

노인케어 현장실습, 데이케어 현장실습(추계 야외학습과 데이케어, 주말보호)

재가복지 업무, 노인요양원의 특성화 프로그램의 여러 가지 (미술치료, 신체활동, 노래교실, wii치료) 체험과 종교법인답게 종교프로그램. 생신잔치, 노인의 날 기념행사도 실습기간 내에 경험할 수 있다.

복지행정업무도 다양하게 배울 수 있어서 남은 기간도 매우 기대가 된다.

1.2. 평가

7회차 실습을 마치며 내 자신을 평가해 보자면, 이론적으로만 습득한 지식을 토대로 현장에서 직접 경험해 보니 아직은 내 자신이 많이 부족한 것 같다.

처음에는 약간 어색하고 꺼려지는 일들이 시간이 지나자 점차 자연스러워졌다.

프로그램 계획대로 최선을 다하는 것은 기본이 되어야 하고 사회생활이기 때문에 현장 실무자와의 관계는 친밀감을 유지하도록 신경 써야 할 것 같다.

1.3. 앞으로의 계획

어르신들에게 과연 어떤 복지가 필요한지 부족한 점을 생각해보고 앞으로 어떤 내용의 프로그램이 필요한지 아이디어도 내 보고 슈퍼바이저의 지속적인 교육과 조언으로 좀 더 전문적인 복지 서비스를 배우고 싶다.

실습을 통해 지식과 경험의 폭을 늘려 나가도록 할 것이며, 향후 짜인 실습 프로그램 이외에도 사업운영예산·재무와 회계 등 전반적인 행정실무에 관해서도 알고 싶다.

2. 실습에 임한 자세 및 노력

실습기간 내에 근태에 관해 성실하게 지켰고, 사회복지사를 도와 행정업무에 있어 배우고 익힘으로써 알려주신 내용과 방법에 관해 잘 기억하고 정리하려고 노력하였다.

배운 내용은 실습일지로 정리하면서 업무의 진행과 흐름을 파악하고 있는 중이다.

현장에서는 클라이언트를 직접 대면해야 하므로 사회복지사로서의 태도에도 최선을 다해 신경을 쓰고 있다.

3. 실습을 통해 배운 점

어르신들을 대상으로 하는 현장실습에서는 서포터역할과 분담을 통해서 현장 분위기와 노하우를 배울 수 있었다. 출근에서부터 퇴근할 때까지 각종케어와 프로그램보조까지 대부분 참여해보면서 경험을 쌓을 수 있었다.
입소부터퇴소까지 어르신들의 모든 기록이 담긴 연명부는 복지부의 핵심 업무이므로 정리할 때 꼼꼼하게 챙겨보았으며 운영 매뉴얼도 숙지했다.
점점 사회복지사가 되기 위한 길을 한 발짝 씩 떼어 걸어가고 있는 것 같다.
역량 있고 프로다운 사회복지사가 되기 위해 현장실습 경험은 대단히 중요함을 깨달았다.

4. 앞으로 더 필요한 지식과 기술

사회복지사로서 사회복지 실천기술은 중요하다.
세분화하여 서비스실천 과정에서 배운 클라이언트 가계도와 담당일지를 작성해보고 싶다.
실습생 신분으로 직접적 대면에는 어려움이 있겠지만 Role play 또는 실전자료를 검토해보고 싶다.
클라이언트와 편안하고 친근한 태도로 대하는 스킬과 상담내용의 세세한 기록.
효과적인 질문요소, 전문적으로 파악하고 기술하는 사회복지사의 현장상담은 실습기간 내에도 자주 보이고 있어서 관심이 높다.

5. 실습에서 어려웠던 점
노인케어에서는 육체적인 힘을 요하는 일들이 많다.
휠체어 사용에도 단순히 앉히는 것 같지만 요령이 있고 사용방법이 있다.
침대시트도 큰 시트, 작은 시트 가는 순서가 있고, 기저귀교체도 어르신의 몸의 무게를 이겨야 체위변경이 되고 기저귀를 갈아 드릴 수 있다.
물론, 요양보호사의 일이라 할 수 있지만 사회복지사는 노인복지의 모든 역할을 경험하고 수행해 봐야 한다는 큰 뜻이 있어 노인케어 시간을 주신 것 같다.

6. 기관 및 실습지도자에게 건의할 점

기관에서는 학교의 교육이외에 현재 실시하고 있는 사업운영체계에 관한 교육과 자료를 제공해 주었으면 한다.
기관의 모든 교육을 숙지하고 싶은 욕심도 생기고 노인요양원을 운영하는 체계를 배워 나중에 사회복지사가 되고 경영도 해보고 싶은 막연하지만 목표를 설정해 놓은 나에게는 중요한 가르침이 될 것이다.
실습지도자에게는 많은 직접·간접 경험을 듣고 싶고 문서 작성을 올바르게 하는 방법들도 알려주셨으면 한다.

06 실습종결평가서

실습을 종결한 후 실습생이 실습과정 등을 되돌아보며 스스로 평가하는 것으로 예비 사회복지사로서의 역할, 또는 프로그램 진행상의 문제점, 시설이나 학교에 대한 건의 사항을 기록한다.

실 습 종 결 평 가 서

※ 본 평가서는 사회복지현장실습 지침서를 참고하여 종결평가 내용을 실습생 본인이 작성하며, 서술양식으로 작성한 뒤 실습지도자와 평가회를 갖는 것을 추천함.

실습생명	○○○	실습기관명	사회복지법인 ○○○
실습기간	20○○년 ○월 ○○일 ~20○○년 ○○월 ○○일 (20일, 160시간)	실습지도자	○○○
실습평가일	20○○년 ○○월 ○○일	실습지도교수	○○○

1. 실습일정에 대한 평가

실습일정 프로그램은 예비 사회복지사로서의 자질을 키울 수 있는 전문적 기술을 습득하고 기관의 행정 및 정책을 파악할 수 있고 케어 기술을 경험할 수 있게 해주었다. 2회 이상의 반복적인 케어와 문서 작업을 통해 처음 경험은 서툴렀다면 두 번·세 번의 경험은 자연스럽고 전문가다운 모습으로 다듬어 지게 되었다. 차근차근 배워나갈 수 있어 실습의 의미는 컸으며 매번 대면하게 되는 다양한 클라이언트를 만날 수 있어서 보람된 시간이 되었다.

2. 실습내용 및 역할에 대한 평가

ex) 미술치료 : 주 진행자와 보조 진행자의 협동으로 진행이 순조로웠음. 결과물이 있어 어르신의 성취감이 고취됨.
데이케어 야회학습 : 프로그램을 세밀히 계획하여 안전하게 진행이 마무리됨.
wii 치료 : 사이버 게임이지만 실제로 하는 운동효과를 어르신 케어에 효과적임.

3. 실습목표에 대한 평가

1) 구체적이고 적절한 목표 설정 여부

A 내가 과연 사회복지사로서의 자질이 있는지 부족한 점이 있는지 적성에 맞는지를 탐색 해본다.
B 배우고 익힌 노인요양 프로그램의 개발과 아이디어 구축 모색도 해본다.
C 실습 현장에서의 새로운 지식과 기술을 습득하고 배운 지식을 실천한다.

2) 목표의 달성 여부

A 내 자신 스스로 실습을 통해 사회복지사가 적성에 맞는다고 생각한다.
B 회상치료 : 오늘 날짜를 확인하고 기억한 내용을 말로써 상호작용, 좋은 기억을 되살려 보고 표현하면서 인지 향상을 기대

블록 맞추기 : 목표하는 형상을 선택하여 만드는 방법과 지식을 익히고 직접 완성해 봄. 집중력 개발, 사물인지의 확대를 기대

C 기관 이해, 관계형성을 배우고 이론을 교안을 통해 다시 복습해 보았다.

4. 서비스 실천과정에 대한 평가 / 정책 및 행정 실습에 대한 평가

1) 문제 파악 및 자료수집 능력 / 문제 인식 능력

실질적으로 상담일지를 작성해 보거나 가계도를 만들어 보는 시간은 내가 출근하지 못했기 때문에 직접 배우지 못했으나 연명부 파일 정리하는 업무를 하여 CT와의 가족 관계를 먼저 파악하였다. 접수를 했을 때 이루어지는 초기 단계임을 알았다.

2) 문제 사정 능력 / 문제 분석 능력

부부체계나 가족의 기능을 측정하기 위해 가계도를 활용하여 단순한 조직도가 아니라 의사소통, 역할 규정, 권력배분, 상호작용 패턴 같은 속성도 파악하는 단계이며 이를 통해 가족체계가 구성원 간의 행동을 형성하고 큰 영향을 주는 것을 알게 되었다.

재정, 생활조건, 누가 상담을 받도록 권했는지, 도움이 필요한 이유, 누가 돌보고 있는지, 누구와 사는 지, 가정 구성원의 역할, 법적 문제가 연루되어 있는지, 다른 기관 경험 유무 등을 파악과 병력, 정신상태 발달력 사정, 사회경제적 상황, 자해·타해 유무, 자녀에 관한 질문을 상세히 기록한다.

3) 개입 기술 / 문제해결을 위한 대안제시능력

3번의 기술은 사회복지사의 역할이다. 변화를 촉진하기 위해 이용 가능한 자원을 활용하여 클라이언트의 문제 해결을 돕는다. 사회복지사의 스킬이 중요한 영역인 것 같다. 클라이언트를 둘러싼 관계체계의 변화를 위하고 클라이언트의 문제 행동의 변화를 위한 기술적 측면이다.

4) 면접 기술 / 기존지식과 정보의 사용능력

사회복지 실천의 중요 요소이다. 면접은 사회복지분야 뿐 아니라 널리 활용되고 있다. 전문적인 면접 기술은 아니지만, 어르신과의 대면관계에서 어르신과의 대화나 행동, 미리 파악한 욕구조사를 참조해 이야기를 이끌어 내고 대화 도중 면접의 기초기술인 관심표현의 대꾸나 제스처를 활용하였다. 어르신의 생각과 사고에 대해 개인적인 생각이나 감정을 개입하지 않고 어르신의 처한 상황을 이해함으로써 본인(CT)에게 그 이야기가 어떤 의미를 지니는지 파악해 보며 이론적 지식을 대입해 보았다.

5) 기록 기술 / 기록 기술

기록 기술은 사회복지 실천을 배우는데 있어서 학생, 실습생에게 중요한 도구로 활용된다.

슈퍼바이저의 좋은 슈퍼비전을 통해 배움을 습득하고 업무능력의 향상을 위해 기록하는 기술은 매우 중요하다. 기록하는 습관은 사회복지사의 클라이언트에 대한 서비스를 향상 키시는 중요한 수단이기도 하다. 나 역시 시간대 별로 상황을 메모하고 어르신들의 특징과 성함, 인상착의를 메모해 두어 어르신 케어에 적극 활용하였다.

6) 클라이언트와의 전문적인 관계 형성 / 유관 기관 및 관련된 사람들과 전문적인 관계 형성

CT와의 전문적인 관계형성을 위해 직접적인 상담을 하거나 욕구파악을 해보지 못한 점은 아쉽지만, 어르신과 꾸준한 대화와 어르신을 케어하는 요양 보호사, 사회복지사 선생님의 조언을 듣고 경험 내용을 경청하고 메모하여 대상자를 파악하고 관계 형성 하는 데에 공감대를 이끌어 낼 수 있었다.

5. 실습생의 자원 활용에 대한 평가(인적·물적 자원)

1) 기관 외의 자원 활용

- 인적 자원 : 복지관 산하시설의 근무자의 봉사·군부대 봉사, 학교·회사 단체봉사. 실습생들의 인원이 시설에 도움을 주고 있다. 경험한 ○○ 노인복지 센터에서 시설라운딩과 P/T를 통해 다른 분야도 폭넓게 경험해 보았다.
- 물적 자원 : 타 노인복지관의 실습 프로그램 사례를 파악해 봄

2) 실습과 관련된 참고서적의 활용
노인복지론(임정문 외 공저), 사회복지실천론, 지역사회복지론, 사회복지실천기술론, 노인복지법

6. 실습에 임하는 자세에 대한 평가

1) 업무관리
(1) 시간 준수, 과제제출
출·퇴근시간 (09:00~18:00)을 준수하였으며, 과제 제출을 위해 시간대별로 꼼꼼히 일정을 기록하고 메모하였으며 기관 관련 브러셔들을 챙겨서 기관 분석의 자료에 활용하였다.
(2) 주어진 일에 대한 업무조절 능력
맡은 업무에 대해 최선을 다하고 퇴근시간이 넘어가더라도 마무리를 잘 해보려고 끝까지 긍지를 갖고 수행했던 일도 있다.

2) 직원과의 관계(실습지도자, 타직원, 타 전문직 직원)
사회생활을 하고 있기 때문에 직장동료들과 상사·후임과의 긍정적인 인간관계는 매우 중요함을 알고 있다. 인사는 실습생인 나를 알리고 기본적인 사회생활이기 때문에 찾아가서 인사를 드리는 정도로 열심히 하였던 것 같고 슈퍼바이저(실습지도자), 타직원들과 중간에 커피타임을 가질 때 함께 하며 여러 조언과 지도를 받을 수 있는 시간이 되었다. 아이를 키우는 엄마이고 주부이다 보니 사회복지사 여자선생님들과 육아와 살림 노하우 등 공감되는 부분도 이야기하며 친밀감을 쌓을 수 있었다.

3) 다른 실습생과의 관계
실습시즌이라서 기관에서도 실습생을 모집해서 나를 포함해서 8명의 실습생이 함께 O/T를 받았다.
처음에는 다양한 나이와 하는 일이 가지각색이라 서로를 탐색하는데 시간이 필요했으나 공통된 목적이 있기에 금세 친해질 수 있었다. 6명은 3주간 주중에 함께 실습하였지만 나를 포함한 두 명은 주중+주말 형태로 실습을 하여 매일 볼 수는 없었지만 만나게 되면 무척이나 반갑고 실습 경험담을 함께 이야기 하고 식사도 같이 먹으면서 돈독해졌다. 다들 열심히 하는 모습이 나에게도 자극이 되어 더욱 열성을 다해 업무에 임할 수 있었다.

4) 실습에 있어서의 적극성 및 자발성
- 차분하고 꼼꼼한 성격이기도 하나 직장에서도 분위기 메이커일 만큼 업무나 회식자리에서도 매우 적극적이다. 어르신 프로그램 진행시 처음에는 부끄러웠지만 시간이 지나자 율동하고 노래하고, 프로그램을 참여하시지 않고 계시는 어르신을 독려하여 참여를 유도하는 노력도 하였다.
- 시설의 위생과 청결을 위해 틈틈이 자발적으로 정리정돈·청소를 하였다.

7. 전문적 태도에 대한 평가

1) 사회복지사로서 실습생 자신의 장단점에 대한 인식
- 장점 : 현 직업은 호텔리어 이기 때문에 친밀하고 다가가는 서비스 마인드, 스마일 예의 부분에서는 사회복지사 현장실습에 중요한 장점이 되었다. 어르신들이 만나면 칭찬해 주시고 나를 보며 즐거워해 주셨다. 어르신 프로그램 활동에서 융화를 유도하는 면에 중시했고 이야기를 많이 들어 드리고 호응해 드린 점은 잘했다고 생각한다.
- 단점 : 분위기를 이끌어 내는 것은 잘 할 수 있었지만 프로그램을 진행하는 부분은 미흡한 것 같다. 현장업무의 빠른 이해와 습득에는 기초적인 지식이 바탕이 되어야 하는데 부족한 점을 느낀다.

2) 전문가로서 윤리 및 가치관의 이행
윤리강령을 되새겨 보고 사회복지 초년생이지만 사회적 가치를 실현하는 전문가로서 능력과 품위를 유지하기 위해 노력하고, 클라이언트와 실무자(동료)를 어떠한 경우라도 차별하지 않고 성실하게 업무 수행에 임했다. 적극적인 참여도 이에 속할 것이고 나 자신의 이익실현에만 급급하지 않고 실무자의 마음으로 실습을 이행하였다.

8. 실습지도 활용 정도에 대한 평가

1) 실습생 자신의 실습지도 활용정도에 대한 평가

(1) 기관 실습지도

실습기관과 슈퍼바이저는 지도계획을 효율성 있게 배분하여 현장실무 교육 : 노인케어, 데이케어, 프로그램 운영은 완벽한 지도가 되었으나, 아쉬운 점은 주말 실습이 많았기 때문에 기관의 행정적인 부분에 대해 배운 부분은 부족한 것 같다.

(2) 대학 실습지도

교수님께 질문사항이 있을 때 카페를 통하거나 개인 휴대폰으로도 소통할 수 있는 연락체계를 통해 교수님의 지도가 큰 힘이 되었고, 대학 측 문의처에서도 사회복지현장실습에 관해 담당자가 잘 숙지하고 있어서 질문에 대한 답을 얻기에 수월했다.

2) 실습지도 자체에 대한 평가

(1) 기관 실습지도 : 현장실습 시 타이트하게 현장 실무에 투입이 되므로 실습일지를 통해 슈퍼바이저의 지침을 읽어보고 평가받는 형식이여서 실무이야기에 관해서 좀 더 많은 대화를 못 나눈 것이 아쉽게 느껴진다. 하지만 지속적인 조언과 자율적인 실습지도로 자발적으로 역량을 펼칠 수 있어서 자신감이 생겼다. 실습기간은 끝났지만 이후로도 시간 나는 대로 찾아뵙고 더 많이 배우고 싶다.

(2) 대학 실습지도 : 실습 전 오리엔테이션 교육을 받았고 카페를 통해 실습에 관한 공지와 내방수업을 출석하여 실습관련 서류작성 지침을 들을 수 있었다.

9. 기관 이해도에 대한 평가

1) 실습생의 과업과 관련된 기관의 목적, 정책, 행정 절차에 대한 이해

여러 부서들이 커뮤니티 회의를 하고 끊임없이 논의와 토론을 하며 노인복지관의 발전과 어르신들의 욕구문제해결과 다양한 프로그램 개발·차별화된 품격 높은 서비스를 위해 질을 높이고 발전해 나가는 노인복지관이라고 생각한다.

2) 실습생으로서의 기관내의 권한과 한계에 대한 인식

학생신분으로서 배우는 입장이기는 하나 사회복지 서류 작업은 정확하게 수행하고 기입하는 지침이 있어 권한을 부여할 부분이 아니라 인식하고 노인요양프로그램이나 데이케어 요양시설에서는 정해진 틀이 있지만, 흥미를 이끌어내고 어르신과의 친밀감표현은 내 자신만이 할 수 있는 역량임을 느꼈다.

사회복지사, 실습생, 봉사자 구분 없이 어르신의 호응을 끌어내는 소통은 누구에게나 권한이 있다고 생각한다.

10. 실습 기간 중 가장 유익했던 내용

현장실습경험과 문서업무를 다양하게 배울 수 있었고, 슈퍼바이저뿐 아니라 재가 복지, 데이케어, 요양원, 복지부 등 다양한 곳에서 선생님들의 실무 경험담, 애로사항들도 들을 수 있었다. 슈퍼바이저 과장님은 어떠한 마음가짐으로 실습에 임해야 하는지와 취업이 되어서도 미처 실습생이 알지 못했던 정보를 알려주시고 사회복지분야의 미래와 전망에 관해서도 솔직한 의견과 현 상황에 대해 말씀해주신 부분이 유익했다.

11. 실습기간 중 가장 안 좋았던 내용

지식과 경험이 충분치 않아 처음에는 어리둥절했던 기억이 있다. 어떤 지식적인 면이 요구될 때 이론으로 배운 내용들이 바로 떠오르지 않아 집에 와서 다시 복습해본 경험도 있다. 발 빠르게 대처하고 활용하지 못한 점은 아쉬움으로 남는다.

12. 실습 기관, 실습 지도자, 대학에 대한 건의사항

1) 실습기관 : 프로그램 계획 시 많이 지원해 주고 경험할 수 있게 해주셔서 좋았다. 주말실습에도 슈퍼바이저 출근을 실습생 출근시간에 조정하여 관리·지도할 수 있게 해주셔서 감사했다.
2) 실습지도자 : 실습생에게 하나라도 더 알려주고 경험해 주시려고 노력하셨다. 여느 실습생들도 과장님의 지도에 고마움을 느낄 것 같다. 앞으로도 경험과 조언을 부여하여 사회복지사 실습생의 멘토가 되어 주시길 바란다.
3) 대학 : 실습일지를 제외하고 필수 선택과제의 서식을 이해하는 데 어려움이 있었다. 서식의 양식에 맞는 예시를 첨부해 주시면 빠른 이해가 될 것 같다.

13. 기타 하고 싶은 말

실습지를 선택할 때 노인복지분야에 관심이 많았기에 ○○○ ○○을 스스로 찾았습니다.
고령화 사회를 대배하여 여러 프로그램을 구축하고 노인복지시설 및 직영·위탁 시설을 ○○○산하에 두고 운영·관리하고 계시다 알고 있었고 사회복지전문가 양성에도 남다른 열정을 갖고 계시다는 신문기사를 본적이 있었기에 대표이사의 뜻을 받들어 최대 규모의 노인요양시설인 ○○에서는 직원들의 마인드도 그러할 것이고 실습생 교육체계도 남다를 것이란 생각을 했습니다. 역시 실습을 마친 후 그 생각은 변함없는 것을 넘어 체계적인 시스템에 놀랐습니다. 좋은 경험을 최고의 시설에서 마칠 수 있어서 행복하고 자랑스럽습니다. 감사합니다!

07 실습평가서

실 습 평 가 서

기 관 명	○○○○	실습지도자	○ ○ ○
실습부서	○○○○	실습지도교수	○ ○ ○
실습기간	20○○년 ○○월 ○○일 ~ 20○○년 ○○월 ○○일 (20일, 160시간)		
실 습 생	○○○	평 가 일 시	20○○년 ○○월 ○○일

※ 출석상황

□ 무단결석 없음　□ 무단결석 1회　□ 무단결석 2회　□ 무단결석 3회 이상

※ 다음은 실습생에 관한 평가입니다. 실습생이 실습지도 기간 동안 보여주었던 태도와 행동을 기준으로 아래 항목에 솔직하게 평가해주기 바랍니다. **실습내용에 포함되어 있는 사항에 관해서만** 평가하여 주시고, 평균에는 평가항목 총점을 평가항목 개수로 나눈 점수를 기입하면 됩니다.
(1점 : 매우 그렇지 못하다. 5점 : 매우 그렇다.)

항목	내용	1	2	3	4	5
실습 지도에 대한 태도	1. 실습지도 시간을 엄수한다.					√
	2. 적극적이고 긍정적인 자세로 실습지도에 참여한다.					√
	3. 실습지도에서 지적된 내용을 수용한다.					√
	4. 배우는 입장에서 진지하게 노력하고 발전하려는 태도를 갖는다.					√
	5. 실습지도자와 실습생으로서 공식적 관계를 형성한다.					√
기관 이해 및 관계 유지	6. 동료실습생과 긍정적이고 원만한 협력 관계를 유지한다.					√
	7. 기관의 목적, 정책, 규칙, 사업내용을 이해한다.					√
	8. 기관 내에서 실습생으로서의 권한과 한계를 알고 일한다.					√
	9. 기관 내 타직원과 협조적인 대인관계를 형성, 유지하여 업무를 처리한다.					√
기본적 태도와 자질	10. 일의 우선순위를 결정하는 능력이 있다.				√	
	11. 할당된 시간 안에 일을 계획하고 수행한다.					√
	12. 자신의 장점과 단점을 잘 인식하고 대응한다.					√
	13. 사회복지실천 지식을 실습내용에 적용한다.				√	
	14. 사회복지실천의 가치와 윤리를 갖고 임한다.				√	
	15. 전문가로서의 편견, 선입견, 고정관념을 인식하고 객관성을 유지한다.				√	
	16. 실습지도 내용을 실행에 옮긴다.					√
	17. 실습과정을 책임감 있게 수행한다.					√
기 록	18. 기록, 보고서 등을 정해진 일시에 제출한다.					√
	19. 실습내용을 사실에 근거하여 정확하게 기록한다.					√
	20. 실습내용을 체계적이고 구체적으로 기록한다.					√
	21. 클라이언트와의 상호작용 및 실습생의 사고와 감정을 기록한다.				√	
	22. 실습지도를 통해 지적된 사항 및 배운 것을 정확히 기록한다.					√

항목	내용	1	2	3	4	5
전문적 태도와 관계 형성	23. 클라이언트와 전문적 관계를 형성하고 활용한다.				√	
	24. 전문적 관계형성에서 동정과 감정이입을 구별하여 적용한다.				√	
	25. 주변의 자원을 파악하고 그것을 활용하려고 노력한다.				√	
	26. 비심판적이며 경청과 수용의 태도를 갖는다.				√	
	27. 클라이언트의 능력과 동기의 한계를 수용한다.				√	
	28. 실습지도자가 지시한 것을 잘 파악하여 실행에 옮긴다.				√	

항목	내용	1	2	3	4	5
개인에 대한 개입	29. 클라이언트가 표현한 의사소통과 암시적인 의사소통을 이해한다.					
	30. 실습생이 의도한 바를 클라이언트에게 명확하게 전달한다.					
	31. 클라이언트의 문제와 상황에 관련된 정확한 자료를 수집한다.					
	32. 수집된 자료를 체계적으로 종합하고 이론에 기초하여 사정한다.					
	33. 클라이언트 가족 등 주변의 지지자원을 활용한다.					
	34. 클라이언트와 환경의 상호역동성의 이해아래 개입목표와 전략을 수립한다.					
	35. 개입목표에 따라 클라이언트의 긍정적인 변화를 유도한다.					
가족에 대한 개입	36. 가족의 역동성을 파악하고 가족상황에 관련된 정확한 자료를 수집한다.					
	37. 가족의 구조를 명확히 이해하여 필요한 가족개입의 기술을 활용한다.					
	38. 가족의 상호역동성의 이해 아래 개입목표와 전략을 수립한다.					
	39. 가족 구성원을 개별화하고 성원들이 긍정적으로 변화하도록 유도한다.					
집단에 대한 개입	40. 집단 역동을 파악하여 의미 있는 개입으로 집단을 지도한다.					
	41. 집단에서 주 진행자와 보조진행자의 의미와 역할을 알고 실천한다.					
	42. 집단의 구조를 명확히 하고 필요한 집단지도의 기술을 활용한다.					

		1	2	3	4	5
	43. 집단 성원을 개별화하고 성원 간 의미 있는 관계를 형성하도록 한다.					
	44. 집단의 목적에 대해 정확히 사정한다.					
	45. 정확한 사정에 입각하여 적절한 프로그램을 계획하고 실행한다.					
	46. 집단의 상호작용이 목적 지향적이고 성원들이 긍정적으로 변화하도록 한다.					
지역사회에 대한 개입	47. 지역주민들이 지역사회의 요구와 문제를 파악하도록 돕는다.					
	48. 파악된 지역사회요구를 사회행동으로 계획하고 실행한다.					
	49. 지역사회구조와 권력에 대해 이해하고 그 지역사회 상황을 정확히 파악한다.					
	50. 지역사회자원을 정확히 파악하고 접근한다.					
정책 및 행정 분야	51. 정책형성 및 개선과 관련된 이해집단들의 문제 상황 및 요구와 정책발의자들 및 집행자들의 이해관계를 정확하고 객관적으로 이해한다.					
	52. 정책형성 및 개선과 관련된 이해집단과 건설적이고 전문적인 관계를 맺는다.					
	53. 문제 상황에 적합한 정책대안을 개발하는데 적극적으로 참여한다.					
	54. 기본정보를 정확히 사용하며 실증적인 자료 분석의 지식을 갖고 문제를 분석한다.					
	55. 사회복지행정체계 및 전달체계에 대해 정확하게 이해한다.					

항목	내용	1	2	3	4	5
기관 고유 항목*	56.					
	57.					
	58.					
	59.					
	60.					

*기관 고유 항목에는 기관의 특성과 실습상황에 맞는 평가항목을 실습지도자가 추가적으로 직접 기입하고 평가할 수 있습니다.

총 평	(※ 실습생의 실천가로서의 장단점 및 대학에 대한 건의) 대상자와 슈퍼바이저 및 직원과 실습동료들과 유대관계 형성으로 실습에 참여하였고, 예비사회복지사로서 실습 과정에 적극적이고 능동적인 자세로 실습에 임하였음.		
평가문항 개수	28	총점	129점(4×11+5×17)
평균 (총점÷평가문항 개수)	4.60		

실습지도자 : ○ ○ ○ (인)

○○○○○○ 기 관 장 : ○ ○ ○ (직인)

실습처의 실습지도자는 실습생을 평가하여 점수를 부여하여 대학의 실습지도교수에게 우편 또는 실습생 편으로 제출하게 된다. 실습평가서의 점수는 차후 사회복지현장실습 과목의 중간고사와 기말고사를 대체하여 학점부여의 근거가 된다.

*확인사항 : 실습지도자가 체크한 실습평가점수의 “합계와 평균값”이 일치하는지 체크하며, 평가점수는 반올림하지 않고 소수점 둘째자리 이하의 성적은 일반적으로 버린다.

08 실습확인서

실습처에서 확인하여 날인 한 후 기타 첨부자료를 첨부하여 제출한다. 실습확인서는 추후 사회복지사 자격증을 발급받고자 할 때 사회복지사협회에 원본을 제출해야 함으로 사본을 제출해야 한다. 이에 따라 총 실습시간(1일 평균 실습시간), 실습일정, 기관직인 및 실습지도자, 실습지도교수의 날인 등 서류기재의 미비함이 없어야 한다.

〈2021.04.15.개정〉

사회복지 현장실습 확인서

[ ]신규발급, [ ]재발급 (앞쪽)

실 습 생 인적사항	성 명		생년월일	※「주민등록번호」 앞자리 6자리를 기재 바랍니다
	휴대전화번호		학 교 명	※ 현재 소속중인 학교명을 기재 바랍니다.

실습기관 및 실습지도자	실습기관명		실습기관 관리번호	※ 실습기관 선정 시 부여된 등록번호 기재
	기관 주소	※「도로명 주소」로 기입해 주세요	전화번호	
	실습 지도자명	※ 실습생의 실습을 지도한 지도자명 기재	사회복지사자격번호 (취득일자)	제 – 호 (. . .)

실습기간	실습 기간	20 년 월 일 ~ 20 년 월 일
	실습 시간	총 시간 (총 회, 1일 평균 시간)

실습기관은 「사회복지사업법 시행규칙」 제3조 [별표1]의 규정에 따라 자격요건을 갖춘 실습기관과 실습지도자에 의해 기관실습을 진행하였으며, 상기 실습생이 위와 같이 기관실습을 하였음을 확인합니다.

20 년 월 일

기관실습 지도자 : (서명 또는 인)	기관실습 실시기관 : (직인)

교육기관 및 세미나교수	교육기관 유형	[ ]오프라인 / [ ]온라인	교육기관명	※ 실습세미나 교육기관명을 기재 바랍니다.
	실습세미나 교수명		학 과 명	
	실습세미나 교수 취득학위 (사회복지학 또는 사회사업학)	[ ]학사, [ ]석사, [ ]박사	교육기관 전화번호	
실습세미나	실습세미나 기간	20 년 월 일 ~ 20 년 월 일		
	실습세미나 횟수(시간)	총 회 (시간)	대면방식 세미나 횟수 (시간)	총 회 (시간)

교육기관은 「사회복지사업법 시행규칙」 제3조 [별표1]의 규정에 따라 자격요건을 갖춘 실습세미나 지도교수에 의해 실습세미나를 진행하였으며, 상기 실습생은 위와 같이 실습세미나를 이수하였음을 확인합니다.

20 년 월 일

실습세미나 교수 : (서명 또는 인)	학 과 장 : (직인)

한국사회복지사협회장 귀하

재발급 사유	※ 사회복지 현장실습 확인서 재발급 시 재발급 사유 기재 바랍니다.

[사회복지현장실습에 관한 기준] – 사회복지사업법 시행규칙[별표1] 사회복지관련 교과목 (제3조 관련)

① **기관실습 실시기관** : 보건복지부장관으로부터 선정된 사회복지사업을 수행하는 기관, 법인, 시설 또는 단체

② **기관실습 지도자** : 사회복지사 1급 자격증을 취득한 이후 3년 이상 또는 사회복지사 2급 자격증을 취득한 이후 5년 이상 사회복지사업의 실무경험이 있는 자로 기관실습이 실시되는 연도의 전년도에 8시간 이상의 보수교육을 받은 자

③ **기관실습 시간** : 160시간 이상으로 한다.(단, 시행일 2020.1.1. 기준일 2019.12.31. 사회복지학 전공교과목과 사회복지관련 교과목의 전부 또는 일부 이수하였거나 수강하고 있는 사람은 120시간 이상)

④ **실습세미나** : 1회당 2시간 이상의 실습세미나를 총 15회 이상 실시하며, 정보통신망을 이용한 온라인 교육을 실시하는 교육기관의 실습세미나에는 대면 방식의 세미나가 총 3회 이상 포함되어야 하며, 한 세미나에 참여하는 학생 수는 30명 이내일 것

⑤ **실습세미나 교수** : 학사, 석사 또는 박사 학위 중 2개 이상의 학위를 사회복지학 또는 사회사업학 전공으로 취득한 사람으로서 3년 이상의 사회복지학 교육경험 또는 3년 이상의 사회복지사업 실무경험이 있는 교수가 지도할 것

※ 법령이 정한 상기 기준은 모두 충족해야 하며, 미충족시 사회복지사자격증을 교부할 수 없습니다.

(뒤쪽)

[사회복지 현장실습 확인서 작성 방법]

[주의 사항]

○ 실습확인서에 기재할 내용은 정자로 기재 하거나 전자문서로 작성 가능합니다. 다만 전자문서로 작성 시 서명란은 직접 작성하여야 하며, 서명, 직인란에 전자파일의 삽입은 불가합니다.

○ 실습확인서 최초 발급 시 신규발급란에 체크하고, 재발급 시 재발급란에 체크 및 재발급 사유란에 사유를 작성합니다.

○ 사회복지현장실습 확인서는 원본을 원칙으로 하며, 자격증 신청 시 원본으로 제출하여야 합니다. (사본 제출 불가)

※ 사회복지 현장실습 확인서 내용을 허위 기재 및 위변조 시 이로 인해 발급된 사회복지사 자격은 취소될 수 있으며, 법적 제재를 받을 수 있습니다.

※ 사회복지현장실습 확인서는 자격증 신청 시 원본으로 제출되는 서류로 원본 관리에 유념하여야 합니다.

[실습생 인적사항]

○ 실습생 성명은 주민등록증에 등록된 이름으로 기재하며, 외국인의 경우 외국인등록증에 등록된 영문명으로 기재 하여야 합니다.

○ 실습생의 생년월일은 주민등록번호 앞 6자리를 기재하여야 합니다.

○ 실습생 휴대전화번호는 연락 가능한 번호를 기재하여야 합니다.

○ 실습생의 교육기관명은 실습생의 실습 진행 당시 소속 중인 교육기관명을 기재 하여야 합니다.

[실습기관 및 실습지도자 인적사항]

○ 실습기관명은 실습기관으로 선정 시 등록된 기관명으로 기재 하여야 하며, 기관명을 약칭으로 기재가 불가합니다.

○ 실습기관 관리번호는 실습기관으로 선정 시 부여된 '실습기관 관리번호'를 기재하시기 바랍니다. (사업자등록번호 및 기타 시설신고증 번호 기재불가)

○ 기관주소는 도로명 주소로 기재 바라며, 전화번호는 연락 가능한 실습기관 전화번호를 기재 바랍니다.

○ 기관실습 지도자명에는 실습지도자로 등록된 지도자 중 실습생을 실제로 지도한 실습지도자를 기재 바랍니다.

○ 사회복지사 자격번호는 실습 지도한 실습지도자의 사회복지사 자격번호 (사회복지사 자격증 좌측 상단에 표시된 번호)를 기재하며, 취득 일자는 사회복지사 자격증에 기재된 발급 일자를 기재 바랍니다.

[실습기간 및 실습시간]

○ 실습기간은 실제 진행된 실습 기간 중 최초 시작일과 종료일을 기재 바랍니다. (실습기관별로 실습 O.T 등 실습시간에 포함되지 않는 기간은 기재하지 않아도 됨)

○ 실습시간은 총 실습시간과 횟수, 1일 평균 시간을 기재 바랍니다. (1일 4시간 이상 8시간 이하로 실습이 진행되어야 합니다.)

[실습세미나]

○ 학교 유형을 체크해 주시기 바랍니다. (오프라인, 온라인 구분하여 체크)

○ 학교명은 현재 실습세미나를 운영하고 있는 학교명을 기재 바랍니다.

○ 실습세미나 교수의 사회복지학 또는 사회사업학 학위 취득상황을 체크해 주시기 바랍니다. (학사, 석사, 박사 학위 중 2개 이상 학위를 사회복지학 또는 사회사업학으로 취득하여야 함)

○ 실습세미나 교육기간 및 교육 횟수, 운영 시간을 기재 바랍니다. (온라인 교육기관의 경우 대면 세미나를 주1회씩 총 3회 이상 진행하여야 함.)

[서명 및 직인]

○ 기관실습지도자, 실습세미나 교수는 서명 또는 도장을 찍어야 합니다. 서명의 경우 직접 작성을 원칙으로 하며, 도장 또는 서명을 전자 파일 형태로 삽입은 불가합니다.

○ 사회복지현장실습 확인서 재발급 시 실습지도자 및 실습세미나 교수 퇴사 등으로 직접 서명이 불가할 경우 실습기관장, 학과장의 이름 기재 후 재발급에 따른 대리 서명 사유와 실습기관장 또는 학과장 직인을 찍어 제출이 가능합니다. 이 경우 상단 재발급 표기란에 체크 바랍니다.

○ 기관실습 실시기관, 학과장의 경우 직인을 찍어야 하며, 전자 파일 형태로 삽입은 불가합니다.

○ 기관실습 확인 일자는 실습을 진행한 기간 보다 앞서 일자 기재가 불가하며, 실습세미나 확인 일자는 실습세미나 교육 기간보다 앞서 기재가 불가합니다.

[사회복지 현장실습 확인서 발급 절차]

기관실습 ➜ 사회복지현장실습확인서 발급 (실습지도자 서명 및 기관확인) ➜ 실습세미나 ➜ 실습세미나 확인 (실습지도교수 서명 및 학과장 확인) ➜ 실습확인서 제출 (자격증 신청시 원본 제출)

8 Chapter

슈퍼비전의 이해

실습지도는 사회복지의 전문적 지식과 기술을 습득하고 실천하는 데 가장 중요한 도구로서 활용되어 왔다. 따라서 실습지도자는 사회복지를 전공하는 학생의 학습과 전문적 사회화에 있어서 매우 중요한 역할을 담당해 왔다. 실습지도자는 학생의 실습활동과 과제를 부여하고 지도하면서 학생의 멘토(mentor)가 된다. 멘토링 관계는 전문적 발달의 단계가 서로 다른 두 명간의 밀접한 대인적 원조관계를 의미한다(CSWE, 1994). 즉, 실습지도자와 실습생을 실습기간 동안 일대일 관계를 형성하고 새별적인 슈퍼비전을 주고받게 된다. 이러한 개별 슈퍼비전은 실습지도에서 가장 중요한 부분으로 간주되고 있지만 현실적인 여건에 맞추어 집단 슈퍼비전이나 동료 슈퍼비전이 보다 더 많이 활용되기도 한다.

01 슈퍼비전의 개념과 기능[1)]

1) 슈퍼비전의 개념

슈퍼비전이라는 말의 어원은 '위에서 내려다 보다', '감독하다', '통제하다'인데 말이 의미하는 대로 어떤 상급자와 하급자와의 관계에서 상급자가 감독하고 지도하는 의미는 약하다. 슈퍼비전을 주는 사람인 슈퍼바이저(supervisor)의 역할은 주로 슈퍼비전을 받는 상대방 슈퍼바이지(supervisee)을 지적하고, 용기를 돋워주고, 정보를 제공하고, 상대방의 말을 듣는 것이라고 스키드모어(Skidmore)는 정의하고 있다.

「The Social Work Dictionary」에서는 슈퍼비전(지도감독)은 '사회사업가들이 기술을 더욱 개발하고 정교화 하도록 돕고 클라이언트에게 품질보증을 제공하기 위해 사회사업기관에서 광범위하게 이용하는 행정적 교육적 과정'으로 정의하고 있다.

카두신(A. Kadushin, 1976)은 슈퍼비전에 대하여 '사회사업에서 슈퍼바이저(지도감독자)는 피 감독자의 업무수행을 지도, 조정, 향상 및 평가하도록 권한을 위임받은 기관의 행정 간부이다. 슈퍼바이저는 피감독자와의 상호작용에서 긍정적인 관계아래 행정적, 교육적 및 지지적 기능들을 수행한다. 슈퍼바이저의

1) 본 내용은 사회복지행정론(나직균· 임정문 공저, 2009)의 148-150페이지를 정리하였다.

궁극적인 목적은 기관의 정책과 절차에 따라 양적, 질적으로 최상의 서비스를 클라이언트에게 전달하는 것이다'라고 정의한다. 이 정의는 피감독자와의 상호작용에서 "긍정적인 관계아래" 이들 업무의 수행을 강조하고 있다. 슈퍼바이저와 피감독자의 관계는 세 가지 요소로 구성된다. ① 라포형성(사이좋게 지내는 일반적인 능력), ② 신뢰(슈퍼바이저에게 숨기지 않고, 성공뿐만 아니라 실수와 실패도 공유할 수 있는 사회사업가의 능력), ③ 관심(클라이언트뿐만 아니라 사회사업가의 관심에 대해 슈퍼바이저의 의사소통) 등이다.

2) 슈퍼비전의 기능

슈퍼비전의 기능은 교육적, 행정적, 지지적 기능으로 살펴볼 수 있다. 또한, 카두신(A. Kadushin)은 슈퍼바이저의 자질로서는 풍부한 지식과 실천기술, 접근의 용이성, 진지한 자세, 솔직성, 긍정적인 보상이 있어야 한다고 말한다.

(1) 교육적 기능

카두신(A. Kadushin, 1976)은 교육적인 슈퍼비전을 "특별한 문제에 부딪히고, 개별화된 교육 프로그램을 필요로 하는 특정 워커의 욕구에 초점을 두는" 보다 구체적인 종류의 직원개발로 설명하였다. 즉, 교육적 기능은 사회복지사에게 전문적 지식과 기술 등을 증진시키는 역할로서 교수, 학습의 촉진, 훈련, 경험과 지식공유, 정보제공, 명확화, 안내, 문제해결법 원조, 전문적 성장제고, 조언, 제안, 문제해결 원조 등이 있다.

(2) 행정적 기능

사회복지사에게 지시, 지도, 행정적 업무를 돕는 역할로서, 직원의 채용과 선발, 임명과 배치, 업무계획과 지시, 업무 조정, 업무 모니터링, 의사소통 촉진, 변화매개자의 역할 등이다

(3) 지지적 기능

사회복지사에게 스스로 업무할 수 있도록 용기를 주고지지 해주는 역할로서, 스트레스 유발상황 방지, 스트레스 해소, 대처와 원조, 신뢰형성, 결정에 대한 책임공유, 동료를 통한 지지 제공을 통한 업무관련 긴장의 완화 등이다.

02 실습 슈퍼비전의 방법

1) 실습 슈퍼비전의 원칙

실습기관과 교육기관의 모든 슈퍼비전은 정기적, 규칙적, 구조적으로 실습지도자나 실습지도교수가 직접 실습생을 지도해야 하고 실습과정 중에 슈퍼비전의 내용이 반영되어야 한다. 한국사회복지사협회의

사회복지현장실습 실태조사 및 지침서의 내용에 따른 원칙은 다음과 같다(한국사회복지사협회, 2010: 130-132).

(1) 실습기관의 슈퍼비전

① 실습기관 및 실습내용에 대한 전반적인 오리엔테이션 및 실습생의 태도와 자세
- 실습기관 소개
- 실습의 의미, 의의 및 목표 수립
- 실습생의 자세 및 태도
- 케이스 레코딩 작성 요령
- 실습일지를 포함한 각종 보고서 작성 요령

② 실습내용에 대한 직접적인 슈퍼비전 실시
- 실습일지를 정기적으로 점검하고 피드백을 준다.
- 실습에서 케이스 레코딩에 대한 슈퍼비전을 준다.
- 그 외의 실습생 직접관찰, 사례과정 기록지 검토, 구두 슈퍼비전 등 수시로 슈퍼비전 시간을 가진다.

③ 실습지도 시간
- 학기 중 실습 : 주당 1회 또는 수시로, 1회당 60분 이상(개별, 집단지도 포함) 지도
- 방학 중 실습 : 주당 최소 3회 이상 또는 수시로, 1회당 60분 이상(개별, 집단지도 포함) 지도

(2) 실습지도교수의 슈퍼비전

① 실습기관과의 긴밀성 유지: 실습지도교수는 다음의 목적을 위해 실습기관 방문, 전화, 온라인의 방법으로 실습기관과 긴밀한 관계유지가 필요하다.
- 실습지도자와 실습생별 실습목표를 협의
- 실습생의 실습목표 성취정도와 실습상황을 검토
- 실습관련 문제발생을 예방하거나 문제 상황을 중재

② 실습교수의 슈퍼비전 형식
- 실습지도교수는 실습교육을 위한 강의, 토의, 슈퍼비전, 기관방문 등을 통해 실습지도 진행
- 실습기관 및 실습학생에 대한 연락, 실습상황 점검, 실습보고서와 평가서 정리 등의 업무 처리 필요

③ 실습 세미나 수업(교육기관의 상황에 맞춰 수업의 한 형태로 진행된다)

㉠ 실습 보고서를 통한 실습지도
- 실습보고서 제출: 실습생은 실습일지, 사례관리지, 집단지도 보고서 등 각종 보고서를 작성하여 실습기관 실습지도자의 확인을 받은 후 실습지도교수에게 제출한다.
- 실습 보고서 검토 후 실습지도: 실습지도교수는 실습생과 면담(개별 또는 집단면담)하여 문제

점과 개선점을 토의하고 필요한 경우 실습기관 실습지도자와 협의하여 문제점을 해결한다.
- 참고문헌 활용: 실습지도교수는 실습내용과 관련된 참고문헌을 소개하여 활용토록 지원한다.

㉡ 실습생의 실습보고 세미나
- 실습생의 실습과정에 관한 강점 및 개선점 토의
- 사회복지실천의 방법 및 기술을 개인 가족 소집단에 적용하는 과정에 대해 토의
- 사회복지실천과정이 다양한 클라이언트체계에 미치는 영향 토의
- 사회복지조직으로서 실습기관에 대한 기능과 역할 이해
- 사회복지정책, 사회복지법규 및 제도를 사회복지 대상자와 연계하여 토의
- 사회복지실천현장에서 직면하는 윤리적 딜레마에 대해 토의
- 사회복지사로서의 전문적 자아의식에 대해 토의

03 슈퍼바이저에 대한 이해

현장실습의 슈퍼바이저[2](실습지도자)는 사회복지사 자격증 1급을 소지한 자로서 3년 이상 또는 사회복지사 2급 자격증을 소지한 자로서 5년 이상의 사회복지사업의 실무경험이 있는 자를 말한다. 슈퍼바이저는 슈퍼비전의 업무를 담당하는 특정한 사람으로 슈퍼비전에 대한 이론적 지식과 슈퍼비전 기술을 습득·경험을 쌓아야 하고, 슈퍼비전을 통해 슈퍼바이지[3](실습생)가 역량을 펼칠 수 있도록 역할 모델이 되어야 한다.

슈퍼비전을 통해 슈퍼바이지는 ① 전문적인 능력의 개발과 자질이 향상되고, ② 대인적 서비스에 관한 지식과 기술을 익힘으로써 전문적인 능력과 자질이 향상된다. ③ 실무자를 지지하고 격려하며 그들에게 정보를 제공한다. 특히 슈퍼비전을 통해 경험이 없는 신입 사회복지사에게 도움을 준다.

2) 슈퍼바이저는 슈퍼비전의 업무를 담당하는 특정한 사람(실습지도자)을 뜻한다.
3) 슈퍼바이지는 슈퍼비전을 받는 사람(실습생)을 뜻한다.

PART 03

사회복지현장의 이해

Chapter 9

사회복지시설에 대한 이해

01 사회복지시설의 개념

사회복지시설이라는 용어의 사용은 사회복지 영역에서 일반적으로 사회복지기관과 함께 널리 사용되고 있는데, 사회복지 현장에서는 모든 사회복지시설 및 기관을 통틀어 사회복지기관으로 사용하는 경우가 일상적이다. 즉, 대부분의 사회복지사 및 관련 종사자들은 의식주가 함께 서비스되는 생활시설을 "시설"로 복지관과 같이 방문하여 필요한 서비스를 이용하는 이용시설을 "기관"으로 부르고 있다.

사회복지시설이란 사회복지사업법 제2조에 따른 "사회복지사업[1]"을 행할 목적으로 설치된 시설을 말한다. 사회복지사업법은 사회복지사업에 관한 기본법으로 노인복지법, 아동복지법 등 개별 법령[2]에 별도의 규정이 있을 경우 해당 법령이 우선적으로 적용된다. 다음 **표 9-1**을 통해 보건복지부 소관 사회복지시설의 종류와 소관부서 그리고 관련법령을 이해할 수 있다.

---

1) 「사회복지사업법」 제2조제1호에 규정된 개별법령에 의한 "보호·선도 또는 복지에 관한 사업"과 "사회복지상담·직업지원·무료 숙박·지역사회복지·의료복지·재가복지·사회복지관 운영·정신질환자 및 한센병력자 사회복귀에 관한 사업" 등 각종 복지사업과 이와 관련된 "자원봉사활동 및 복지시설의 운영 또는 지원을 목적으로 하는 사업"을 말한다.

2) ① 국민기초생활보장법 ② 아동복지법 ③ 노인복지법 ④ 장애인복지법 ⑤ 한부모가족지원법 ⑥ 영유아보육법 ⑦ 성매매방지 및 피해자보호 등에 관한 법률 ⑧ 정신건강증진 및 정신질환자 복지서비스 지원에 관한 법률 ⑨ 성폭력 방지 및 피해자 보호 등에 관한 법률 ⑩ 입양특례법 ⑪ 일제하 일본군위안부 피해자에 대한 생활안정지원 및 기념사업 등에 관한 법률 ⑫ 사회복지공동모금회법 ⑬ 장애인·노인·임산부 등의 편의증진보장에 관한 법률 ⑭ 가정폭력방지 및 피해자보호 등에 관한 법률 ⑮ 농어촌주민의 보건복지증진을 위한 특별법 ⑯ 식품 등 기부 활성화에 관한 법률 ⑰ 의료급여법 ⑱ 기초연금법 ⑲ 긴급복지지원법 ⑳ 다문화가족지원법 ㉑ 장애인연금법 ㉒ 장애인활동 지원에 관한 법률 ㉓ 노숙인 등의 복지 및 자립지원에 관한 법률 ㉔ 보호관찰 등에 관한 법률 ㉕ 장애아동복지지원법 ㉖ 발달장애인 권리보장 및 지원에 관한 법률 ㉗ 청소년복지지원법 ㉘ 그 밖에 대통령으로 정하는 법률("대통령령으로 정하는 법률"이란 건강가정기본법, 북한이탈주민의 보호 및 정착지원에 관한 법률, 자살예방 및 생명존중문화 조성을 위한 법률, 장애인·노인 등을 위한 보조기기 지원 및 활용촉진에 관한 법률을 말한다)

표 9-1 사회복지시설의 종류와 관계법령

대상자별	형태	시설 종류		소관부서	관련법령
노인	생활	• 주거	• 양로시설, 노인 공동생활가정	요양보험운영과	「노인복지법」 제31조
			• 노인복지주택		
		• 의료	• 노인요양시설		
			• 노인요양공동생활가정		
		• 학대피해노인전용쉼터		노인정책과	
	이용	• 재가	• 재가노인복지시설(방문요양, 주·야간 보호, 단기보호, 방문목욕, 재가노인 지원, 방문간호)	요양보험운영과	
		• 여가	• 노인복지관	노인지원과	
			• 경로당, 노인교실		
		• 노인보호전문기관		노인정책과	
		• 노인일자리지원기관		노인지원과	
아동	생활	• 아동양육시설, 공동생활가정		아동복지정책과	「아동복지법」 제52조
		• 아동일시보호시설			
		• 아동보호치료시설			
		• 자립지원시설			
		• 공동생활가정(학대피해아동쉼터로 지정된 곳에 한함)		아동권리과	
	이용	• 아동상담소, 아동전용시설, 가정위탁지원센터		아동복지정책과	
		• 지역아동센터		인구정책총괄과	
		• 아동보호전문기관		아동학대대응과	
		• 다함께 돌봄센터		인구정책총괄과	「아동복지법」 제44조의 2
장애인	생활	• 생활시설	• 장애유형별 거주시설	장애인권익지원과	「장애인복지법」 제58조
			• 중증장애인 거주시설		
			• 장애영유아 거주시설		
			• 장애인단기 거주시설		
			• 장애인공동생활가정		
	이용	• 지역사회 재활시설	• 장애인복지관		
			• 장애인주간보호시설		
			• 장애인체육시설, 장애인수련시설, 장애인생활이동지원센터		
			• 수화통역센터, 점자도서관, 점서 녹음서 출판시설		
		• 장애인의료재활시설		장애인정책과	
		• 직업재활시설	• 장애인보호작업장, 장애인근로사업장, 장애인직업적응훈련시설	장애인자립기반과	
		• 장애인생산품판매시설			
영유아	이용	• 어린이집	국공립, 법인, 직장, 가정, 부모협동, 민간	보육기반과	「영유아보육법」 제10조
정신 질환자	생활	• 정신요양시설, 정신재활시설 중 생활시설		정신건강정책과	「정신건강증진 및 정신질환자 복지서비스

대상자별	형태	시설 종류	소관부서	관련법령
	이용	• 정신재활시설 중 이용시설		지원에 관한 법률」 제22조 및 제26조
노숙인 등	생활	• 노숙인자활시설 • 노숙인재활시설 • 노숙인요양시설	자립지원과	「노숙인 등의 복지 및 자립지원에 관한 법률」
	이용	• 노숙인종합지원센터 • 노숙인일시보호시설 • 노숙인급식시설 • 노숙인진료시설 • 쪽방상담소		
지역주민	이용	• 사회복지관	사회서비스지원과	「사회복지사업법」
기타시설	복합	• 결핵·한센시설	질병관리본부 (결핵·에이즈관리과)	「사회복지사업법」
	이용	• 지역자활센터	자립지원과	「국민기초생활 보장법」

※ 출처 : 2020 사회복지시설안내, 보건복지부.

사회복지사업법 제34조의 신고제는 1997년 사회복지사업법 개정을 통해 허가제에서 신고제로 전환되었다. 사회복지사업법 제6조 사회복지시설 설치방해금지 의무조항에 따라 시장·군수·구청장은 정당한 이유 없이 사회복지시설의 설치를 지연시키거나 제한하는 조치를 해서는 안 된다. 국가 또는 지방자치단체, 사회복지법인 또는 비영리법인, 개인 등은 결격사유[3]가 없는 한 누구나 사회복지시설을 설치·운영할 수 있다. 다음 **표 9-2**를 통해 2020년 09월 현재 운영 중인 시설의 유형과 시설 수를 알 수 있다.

표 9-2 2020년 09월 기준 사회복지시설의 유형과 시설 수

시설유형(대분류)	시설수
합계	23,299
노인	11,178
아동	5,597
장애인	4,006
정신보건	431
노숙인 등	148
일반	496
저소득	270
결핵한센인	7
한부모가족	136
여성	666
다문화가족	225
청소년	139

※ 출처 : 보건복지부 사회복지시설정보시스템.

3) 국가 또는 지방자치단체, 사회복지법인 또는 비영리법인, 개인 등은 결격사유가 없는 한 누구나 사회복지시설을 설치·운영할 수 있다.
※ 결격사항 및 자격기준 등은 「사회복지사업법」 및 시설 근거 법령의 관련규정 등을 확인할 것
• 결격사유 예) 「사회복지사업법」 제34조의 규정에 의해 제40조에 따라 폐쇄명령을 받고 3년이 경과되지 아니한 자, 제19조제1항제1호 및 제1호의2부터 제1호의8까지의 어느 하나에 해당하는 개인 또는 그 개인이 임원인 법인

사회복지사업법 제34조에 의거 국가 또는 지방자치단체 외의 자가 시설을 설치·운영하고자 하는 때에는 시장·군수·구청장에게 신고[4]하여야 한다. 사회복지시설 여부는 시설운영자가 주관적으로 판단하는 것이 아니라 실질적으로 사회복지사업을 행하는 지에 따라 판단된다. 다음 **표 9-3**을 통해 사회복지시설의 판단을 위한 기준을 이해할 수 있다.

표 9-3 **사회복지시설의 범위(미신고시설 판단 기준)**

* 시설 운영자가 사회복지사업을 목적으로 하지 않는다고 주장하더라도 아래의 경우는 시설명칭, 운영 주체에 상관없이 사회복지시설로 분류(특히 생활시설의 경우 미신고시설 관리대책과 관련하여 다음 내용을 참고할 것)

㉠ 사회복지사업법 제2조의 개별법상 요보호대상자 중 거주 또는 종교 등을 선택할 수 있는 의사 능력이 없거나 부족한 자를 보호하는 경우(가족의 의뢰에 의한 경우에도 해당)
[대표적인 예]
「장애인복지법」의 지적장애인, 정신장애인, 발달장애인, 뇌병변장애인 등
「노인복지법」의 치매노인, 자신의 의사를 표출할 수 없는 중증노인 등
「아동복지법」의 요보호아동 전체
「정신건강증진 및 정신질환자 복지서비스 지원에 관한 법률」의 정신질환자

㉡ 시설이 주장하는 목적(종교활동 등)과 달리 사회복지 개별법상 요보호대상자가 본인 또는 가족의 보호요청에 의해 동 시설에서 거주하고 있는 경우

※ 생활자 본인의 의사와 관계없는 시설장의 일방적인 종교목적 주장은 수용 곤란

㉢ 사회복지시설임을 외부에 표방하여 운영하는 경우
외부 간판, 소식지, 홍보, 외부활동 등을 통해 사회복지시설임을 명시하거나 표방하는 경우
거주 및 보호를 목적으로 생활인을 모집하는 경우
보호하고 있는 생활인을 근거로 후원금품을 모집하는 경우

⇨ 동 기준에 따라 사회복지시설로 분류되는 경우 개별 법률에 따른 시설 신고·인가 등이 필요한 대상임
신고·인가 등 없이 운영할 경우 벌칙이 적용됨을 유의

※ 출처 : 2020 사회복지시설안내, 보건복지부.

02 사회복지시설의 종류와 관련법

우리나라의 사회복지관련 소관부서는 **표 9-4**와 같이 보건복지부와 여성가족부의 사업으로 나뉜다. 그 외 기타 사회복지관련 사업으로 고용보험과 산재보험 등의 근로자를 위한 고용노동부 소관과 국민기초생활보장법의 교육급여를 실행하는 교육부, 주택관련 급여를 실행하는 국토교통부 소관으로 운영되고 있다.

4) 신고하지 않고 사회복지시설을 설치·운영할 경우에는 1년 이하 징역 또는 1천만 원 이하 벌금"(사회복지사업법 제54조제3호)에 처하는 조항을 엄격하게 적용하고 해당 시설은 폐쇄조치하여 미신고 사회복지시설이 발생하지 않도록 노력하고 있다. 미신고 시설은 사회복지시설로서 신고를 하지 않고 요보호대상자를 수용·보호하는 불법시설로 행정처분 및 형사처벌 대상이 된다.

표 9-4 사회복지시설의 종류와 소관부서

소관부처	시설종류	세부종류		관련법
		생활시설	이용시설	
보건복지부	노인복지시설	• 노인주거복지시설 • 노인의료복지시설 • 학대피해노인전용쉼터	• 재가노인복지시설 • 노인여가복지시설 • 노인보호전문기관 • 노인일자리지원기관	「노인복지법」
	복합노인복지시설	• 농어촌에 지역에 한해 「노인복지법」 제31조 노인 복지시설을 종합적으로 배치한 복합노인복지시설을 설치·운영 가능		「농어촌주민의 보건복지 증진을 위한 특별법」
	아동복지시설	• 아동양육시설 • 아동일시보호시설 • 아동보호치료시설 • 자립지원시설 • 공동생활가정	• 아동상담소 • 아동전용시설 • 지역아동센터 • 아동보호전문기관 • 가정위탁지원센터	「아동복지법」
	장애인복지시설	• 장애유형별 거주시설 • 중증장애인 거주시설 • 장애영유아 거주시설 • 장애인단기 거주시설 • 장애인공동생활가정	• 장애인지역사회재활시설 • 장애인직업재활시설 • 장애인의료재활시설 • 장애인생산품판매시설	「장애인복지법」
	어린이집		• 어린이집	「영유아보육법」
	정신보건시설	• 정신요양시설 • 정신재활시설 중 생활시설	• 정신재활시설 중 이용시설	「정신건강증진 및 정신질환자 복지서비스 지원에 관한 법률」
	노숙인시설	• 노숙인자활시설 • 노숙인재활시설 • 노숙인요양시설	• 노숙인종합지원센터 • 노숙인일시보호시설 • 노숙인급식시설 • 노숙인진료시설 • 쪽방상담소	「노숙인 등의 복지 및 자립지원에 관한 법률」
	사회복지관 결핵·한센시설	• 결핵·한센시설	• 사회복지관	「사회복지사업법」
	지역자활센터		• 지역자활센터	
	다함께돌봄센터		• 다함께돌봄센터	「아동복지법」
여성가족부	성매매피해지원시설	• 일반지원시설 • 청소년지원시설 • 외국인지원시설 • 자립지원공동생활시설	• 자활지원센터 • 성매매피해상담소	「성매매방지 및 피해자 보호 등에 관한 법률」
	성폭력피해보호시설	• 성폭력피해자보호시설	• 성폭력피해상담소	「성폭력방지 및 피해자 보호 등에 관한 법률」
	가정폭력보호시설	• 가정폭력피해자보호시설	• 가정폭력상담소 • 긴급전화센터	「가정폭력 방지 및 피해자 보호 등에 관한 법률」
	한부모가족복지시설	• 모자가족복지시설(기본, 공동, 자립) • 부자가족복지시설(기본, 공동) • 일시지원복지시설	• 한부모가족복지상담소	「한부모가족지원법」
	다문화가족지원센터		• 다문화가족지원센터	「다문화가족지원법」

소관부처	시설종류	세부종류		관련법
		생활시설	이용시설	
여성가족부	건강가정지원센터		• 건강가정지원센터	「건강가정기본법」
보건복지부	청소년복지시설	• 청소년쉼터 • 청소년자립지원관 • 청소년치료재활센터 • 청소년회복지원시설		「청소년복지 지원법」

※ 출처 : 2020 사회복지시설안내, 보건복지부.

03 사회복지사의 역할과 활동분야

1) 사회복지사 역할[5)]

(1) 미시적 차원[6)]

① 조정자(enabler)

욕구를 파악하고 문제를 명확히 규명하며 해결방안을 탐색하고 전략을 선택하여 보다 효과적인 문제해결능력을 개발하고 향상시키도록 돕는 역할이다. 개인이나 가족을 원조하는 과정에서 가장 빈번히 수행한다. 단순한 서비스 제공자나 치료자가 아닌 동반자로서 클라이언트를 격려하고 지지하며 안내하는 역할을 담당하기 위해 전문적 관계형성에 필요한 능력과 기술을 갖추어야 한다.

② 중개자(broker)

직접적 개입이나 의뢰를 통해 클라이언트에게 적합한 자원과 서비스를 연결하는 역할로 사례관리의 핵심적 기능을 수행한다. 지역사회 자원에 대한 정보와 이를 연결시키는 데 필요한 지식과 기술을 갖추어야 한다.

③ 옹호자(advocate)

클라이언트 개인이나 가족의 권리를 옹호하고 정책적 변화를 모색하기 위한 활동을 한다. 대상자들이 적절한 서비스를 받을 수 있는 권리를 확보하거나 유지하도록 기관 내 프로그램이나 정책을 변화시키기 위한 적극적인 역할을 수행한다.

④ 교사(teacher)

적절한 정보를 제공하며 적응기술을 익히도록 클라이언트를 가르치는 역할이다. 많은 전문지식과 정보, 대인적 실천기술, 의사소통기술이 필요하다.

---

5) 밀리 Miley의 사회복지사의 역할을 정리하였다.
6) 미시적 차원의 역할은 조정자, 중개자, 옹호자, 교사의 역할이다.

(2) 기관·조직 차원[7)]

① 촉진자(facilitator)

기관이나 조직의 차원에서 조직의 기능이나 상호작용, 직원들 간의 협조나 지지, 정보 교환을 촉진시키며 조직 간의 연결망을 강화시키는 역할로 효과적인 기관업무를 기획하고 실행하는데 행정가로서의 능력이 강조된다.

② 중재자(mediator)

기관이나 조직의 차원에서 자원개발을 위해 관계망 내의 조직이나 집단을 모으며, 공동의 목표나 문제해결을 위해 기관 간 또는 기관내의 의사소통의 갈등이나 의견 차이를 조정한다. 중립적인 입장에서 서로의 입장을 명확히 밝히고 의사소통문제를 인식하게 함으로써 상대방을 이해시키는 역할을 담당한다.

③ 훈련가(trainer)

기관이나 조직의 차원에서 전문가적 계발을 위한 직원 오리엔테이션, 세미나, 워크숍, 세미나, 슈퍼비전 등의 활동에 참여하여 교육이나 훈련을 담당한다.

(3) 거시적 차원[8)]

① 계획가(planner)

주민전체의 욕구를 파악하며 지역사회성원들이 필요로 하는 서비스를 개발하고 기존의 서비스를 개선해 나가는 데 필요한 목표나 정책을 수립하며 프로그램을 계획하는 역할이다.

② 행동가(activist)

사회적 불평등이나 문제점을 인식하고 인간으로서 기본적 권리를 행사할 수 있는 사회로의 변화를 위한 활동에 참여한다. 지역사회의 욕구조사 및 분석, 지역사회활동의 조직, 대중의 이해와 지원을 활성화하기 위한 노력을 한다. 실제로 수행되는 비율은 매우 낮다.

③ 현장개입가(outreach)

서비스를 필요로 하는 개인들을 파악하고 서비스 대상자가 적절한 서비스를 찾을 수 있도록 원조하기 위해 지역사회에 들어가 활동한다. 사회문제를 예방하거나 그 심각성을 인식시켜 주기 위해 홍보활동과 교육을 함으로써 서비스에 대한 지역사회의 전반적인 욕구와 접근성을 높이는 역할을 한다.

(4) 전문가 집단 차원[9)]

① 동료(colleague)

건전한 사회사업 실무나 전문직으로 발전을 위해 전문가로서의 윤리나 기준을 지키고 전문가 조직의 참여를 통해 지지를 제공하는 역할이다.

---

7) 기관조직 차원의 역할은 촉진자, 중개자, 훈련가의 역할이다.
8) 거시적 차원의 역할은 계획가, 행동가, 현장개입가의 역할이다.
9) 전문가 집단 차원의 역할은 동료, 촉매자, 연구자·학자의 역할이다.

② 촉매자(catalyst)

보다 효과적인 서비스 전달체계의 발전을 위해 타 전문직에 협조를 구하며 전문가 조직을 통한 국가적 또는 국제적 활동을 하기도 한다.

③ 연구자 · 학자(researcher · scholar)

전문직 이론을 발전시키고 사회사업실무나 프로그램을 향상시키는 역할로 프로그램이나 서비스와 관련된 자료를 기록하고 관리하며 효과성을 평가하는 전문적 기술이 필요하다.

2) 사회복지사의 활동분야

사회복지사업법 시행령 제6조제1항에서는 다음의 업무를 수행하는 자를 사회복지사로 채용하도록 규정하고 있다.

① 사회복지프로그램의 개발 및 운영
② 시설 거주자의 생활지도 업무
③ 사회복지를 필요로 하는 자에 대한 상담업무

표 9-5 사회복지사의 활동분야

공적사회복지	사회복지기관 및 시설	보건의료	기타 분야
사회복지전담공무원[10]	지역복지사업, 아동복지, 노인복지, 장애인복지, 한부모복지 등의 민간 사회복지기관	의료사회복지사[11], 정신건강사회복지사[12]	학교사회복지사[13], 자원봉사활동관리자, 교정사회복지사, 군사회복지사, 산업사회복지사

10) 「사회복지사업법」 제14조에 의하면 사회복지사업에 관한 업무를 담당하기 위하여 시·도, 시·군·구 및 읍·면·동 또는 복지사무전담기구에 사회복지사자격증을 가진 사회복지전담공무원을 두도록 규정하고 있다.

11) 의료사회복지사는 2018년 12월 11일 사회복지사업법 개정에 의해 2020년 12월 12일 국가자격제도로 시행되었다. ① 민간자격소개 : 의료사회복지사 자격관리위원회는 2008년도부터 2020년도까지 총 13회의 자격시험(연 1회)을 통하여 총 1,302명의 의료사회복지사 민간자격증 소지자를 배출하였다(*한국사회복지사협회와 그 산하단체인 대한의료사회복지사협회에서는 의료현장의 전문성 강화를 위해 자격시험관리위원회를 소집하고, 자격시험을 관리, 운영함) ② 근무현장 : 의료사회복지사는 「의료법」 제3조제2항제3호에 해당하는 의료기관에서 사회복지를 실천하는 전문인력이다(*상급, 종합병원 등을 포함한 의료현장에서 총 1,302명의 자격소지자 중 1,042명의 전문인력이 종사하는 것으로 추산) ③ 주요업무 : 환자와 그 가족의 심리사회적 문제·경제적 문제·지역사회 자원연계·재활 및 지역사회복귀 문제 등에 관한 상담평가, 지원계획 수립 및 지원, 취약환자에 대한 보호와 권익 보장, 연구조사 등 ④ 국가자격제도 시행 : 사회복지사 1급을 소지하고 의료기관에서 수련지도자(의료사회복지사 자격소지 후 5년 이상의 의료사회복지 경력자)의 지도하에 1,000시간의 수련을 이행한 자로서 (시험과목) 법과 정책, 윤리와 철학, 의료사회복지 이론과 실제, 조사 연구, 기획 및 행정 등을 "150시간 이론교육, 20시간 학술활동, 830시간의 의료현장실습의 수련시간 이행과 수련에 대한 평가활동으로 수련과정 구성"된다. (*출처: 보건복지부 2020년 12월 1일 보도자료)

12) 정신건강사회복지사는 "정신과 병원 및 지역사회에서 정신보건에 관한 양질의 서비스를 제공할 전문인력의 수요가 증가하게 되면서, 정신질환의 예방과 정신질환자의 의료 및 사회복귀 등의 업무를 수행할 전문지식과 기술을 갖춘 인력을 양성하기 위해 자격제도를 제정"하였다. 사회복지사 1급 자격증 소지자가 보건복지부령으로 정하는 수련기관에서 수련을 받고 보건복지부장관에게 정신건강사회복지사(수련기간 및 경력에 따라 1급, 2급으로 구분) 자격을 인정받은 자를 말한다. '정신보건법'이 '정신건강증진 및 정신질환자 복지서비스 지원에 관한 법률(약칭: 정신건강복지법)'로 개정되면서 '정신보건사회복지사'의 명칭이 '정신건강사회복지사'로 변경되었다.

13) 학교사회복지사는 2018년 12월 11일 사회복지사업법 개정에 의해 2020년 12월 12일 국가자격제도로 시행되었다. ① 민간자격소개 : 학교사회복지사 자격관리위원회는 2005년도부터 2020년도까지 총 16회의 자격시험(연 1회)을 통하여 총 1,598

표 9-6 사회복지실천을 위한 사회복지사의 능력

사회복지실천을 위한 사회복지사의 능력
- 전문적 관계에서 역할모델을 제공하는 능력 - 명백히 말하고 기록할 수 있는 능력 - 스트레스 상태에서 기능하는 능력 - 사회적·심리적 이론을 실천 상황에 관련짓는 능력 - 문제해결에 필요한 정보를 확인하는 능력 - 기관의 서비스나 자신의 실천에 관한 조사연구를 하는 능력 - 임명된 책임을 완수할 수 있게 업무 부담을 조정하는 능력 - 인간의 행동이나 감정을 사정하고 도움이나 자문을 활용할 능력 - 정서적 괴로움이나 위기상황에서 지지적으로 반응하는 능력 - 집단 활동에 참여하고 지도할 능력 - 다른 사람을 가르칠 수 있는 능력 - 다른 사람을 돕는 데 필요한 자원을 확인하고 얻는 능력 - 갈등 상황이나 다투기 좋아하는 성격을 다루는 능력 - 복합적인 심리·사회적 현상을 해석하는 능력

※ 출처 : 미국연방사회복지사협회

명의 학교사회복지사 민간자격증 소지자를 배출하였다.(*전문성을 갖춘 학교사회복지사 양성을 위하여 한국학교사회복지학회, 한국학교사회복지사협회, 한국사회복지사협회가 함께 컨소시엄을 구성하여 2005년부터 학교사회복지사 자격관리위원회를 운영함) ② 근무현장 : 학교사회복지사는 「초중등교육법」 제2조에 의거한 학교 뿐만 아니라 교육청 및 교육지원청, 지역교육복지센터 등 교육현장에서 사회복지를 실천하는 전문인력이다(*초중고를 포함한 교육현장에서 현재 1,919명의 전문인력이 종사하고 있음('20년 11월 기준)) ③ 주요업무 : 학생의 심리·사회적인 문제와 학생에게 영향을 미치는 주변 환경 전체의 변화에 대한 계획 수립 및 지원, 학교 내·외부 환경 및 욕구 조사, 사례 발굴 및 선정, 학교 내·외 네트워크 구성 및 운영, 학교사회복지 개입을 위한 기록 및 평가 등 ④ 국가자격제도 시행 : 사회복지사 1급을 소지하고 학교에서 수련지도자(학교사회복지사 자격소지 후 5년이상의 학교사회복지 경력자)의 지도하에 1,000시간의 수련을 이행한 자로서, (시험과목) 학교사회복지 이론 및 실제, 교육 및 사회복지관련 법과 정책, 학교사회복지 철학과 가치, 기획 및 행정, 자원관리 등을 "150시간 이론교육, 20시간 학술활동, 830시간의 학교현장실습의 수련시간 이행과 수련에 대한 평가활동으로 수련과정 구성"된다.(*출처: 보건복지부 2020년 12월 1일 보도자료)

Chapter 10

사회복지실천과 윤리의 이해

일반적인 윤리의 개념은 우리의 행위, 성품, 삶과 관계되어 있다. 예를 들어, 선악, 시비, 가치, 당위, 명령, 의미, 목적, 의지, 자유, 선택, 책임, 행위 주체, 인격성, 존엄성, 권리와 의무 등이 있다. 이 중 가장 기본적인 것은 '좋다'와 '나쁘다', '옳다'와 '그르다'일 것이다. 이러한 윤리의 속성들은 감각을 통해 경험할 수 있는 속성을 가지지 않는다. 윤리적 판단의 진위는 이성에 의한다고 말하지만, 사실 윤리적 판단의 진위를 논리적으로 가리기는 어렵다. 윤리적 실천을 위해서는 윤리적 판단이 필요하다. 윤리적 실천을 통해 선과 정의를 실현하고, 현실세계를 도덕적으로 만들기 위해 노력한다.

01 사회복지윤리

1) 사회복지윤리의 개념

일반적으로 윤리란 인간의 행위와 도덕적 의사결정에 관련되는 철학의 한 분야다. 사회복지전문가 윤리는 사회복지사의 서비스 실천은 도덕적으로 바른 방법이어야 함을 인식하도록 돕기 위한 것이며 사회복지실천의 과정이 윤리적 결정의 과정임을 인식하고 사회복지사로서 어떻게 바르게 행동하는가를 배우도록 돕는 기준이다. 즉, 일반윤리는 '무엇이 맞고 옳은가'를 다루는 반면, 가치는 '무엇이 좋고 바람직한가'와 관계한다. 가치는 구체적인 실천을 지시하기보다 일반적으로 선호하는 더 폭 넓은 사회의 가치를 반영한다. 반면, 전문직 윤리는 직업에 몸담고 있는 사람이 어떻게 자신의 가치를 행동에 옮기는가에 관한 지침을 제공한다. '어떻게 행동해야 하는가'에 관한 구체적인 지시이다.

2) 사회복지실천윤리의 출현

사회복지사들은 1920년대부터 윤리의 필요성을 절감하고 전문직 윤리강령을 만들고자 하였으나 잘 되지 않았다. 1960년에 와서야 최초의 사회복지사 윤리강령이 미국 사회복지사협회에 의해 채택되었다. 그

전까지는 전문 지식과 기술의 개발에 주로 초점을 두고 있었는데, 그 이유는 가치에 중점을 두면 사회복지전문직이 과학적이지 않게 보이기 때문에 전문직의 발전을 위해 가치 및 윤리에 대한 관심이 활발히 진행되지 못한 것이다(김귀숙 외, 2018 : 60).

사회복지 실천윤리의 출현은 1970년대에 들어서 본격적으로 논의되기 시작하였다. 사회가 다양하고 복잡하게 변하면서 전문직도 이를 이해하고 시대적 흐름에 합류해야 할 필요성이 대두되었다. 이는 사회복지전문직뿐만 아니라 이미 법, 의료, 저널리즘, 공학 등에서 광범하게 윤리적 관심을 보이고 있다. 각 분야에서 이론적, 기술적 발달을 이루면서 이전에 경험하지 못했던 윤리적 문제들이 대두되었고, 이에 대처하기 위한 새로운 윤리 원칙이 필요해졌음을 의미한다. 이러한 윤리적 문제의 대두는 크게 두 가지로 볼 수 있다.

첫째, 과학과 기술의 발전이다. 의학과 공학의 발달로 생명연장이 가능해지고 장기이식, 유전공학 등을 실현하면서 클라이언트의 욕구도 다양해졌다. 예를 들어 인공수정, 안락사, 성을 감별한 후 유산하는 등 윤리적 결정을 해야 하는 다양한 상황이 생기게 되었다.

둘째, 소외된 자에 대한 권리 인정이다. 사회가 성숙하면서 사회복지 대상자의 권리를 인정하자는 사회분위기의 영향으로 다양한 형태의 윤리적 갈등이 발생하였고, 이를 해결하기 위해 윤리적 지침이 필요하게 되었다(김정자, 2004; 양옥경 외, 2001).

3) 사회복지윤리의 실천

개인의 문화적 경험과 배경은 의사결정에 영향을 미치게 되므로 사회복지실천에서도 사회복지사가 가지고 있는 가치가 의식적, 무의식적 차원에서 클라이언트를 돕는 과정에 윤리적 문제를 야기할 수 있다. 따라서 사회복지실천에서 일어나는 사회복지사의 모든 의사결정은 윤리적 이슈가 동반될 수 있으며, 사회복지실천은 본질적으로 윤리적 실천이 될 수밖에 없다. 사회복지실천 현장이 사회정의에 기초한 클라이언트를 위한 최선의 결정이 되기 위해서는 사회복지가 추구하는 전문적 체계가 있어야 한다. 또한 이러한 전문적 가치를 구체적으로 실천하도록 이끄는 윤리적 원칙이 있어야 한다. 그러므로 개별적인 사회복지사의 판단과 업무수행으로 이루어지는 사회복지실천이 사회복지가 추구하는 전문적 가치를 실현하는 책임있는 윤리적 실천이 되기 위해 윤리강령이 있는 것이다.

전문적 지위를 추구하는 모든 전문직은 전문가윤리강령을 통하여 전문직의 실천과 관련되는 윤리원칙과 행동원칙 등을 명문화한다. 레비(Levy, 1993)에 의하면 사회복지윤리강령은 세 가지 측면에서 근본적인 목적 달성에 공헌한다고 하였다. 첫째, 사회복지윤리가 전문직의 행위를 이끌어주고 둘째 사회복지사의 기능을 수행하는 데 원칙을 제시해주며 셋째, 사회복지실천의 평가기준을 제시하는 것이다. 즉, 사회복지윤리강령은 사회복지전문직의 구성원으로서 사회적 기대에 부응하는 실천을 하도록 안내하는 지침이 되는 것이다.

02 사회복지실천윤리와 윤리적 딜레마

사회복지실천 상황에서는 두 가지 이상의 윤리적 의무가 있지만 한 가지를 위반하지 않고서는 다른 것을 지킬 수 없는 상황이 필연적으로 발생한다. 이런 경우, 사회복지사는 사회복지실천 전문직의 가치, 사회복지사의 개인적 가치, 사회적 가치 사이에서 갈등하는데, 이러한 가치 갈등은 다양한 윤리적 딜레마[1]를 파생시킨다.

1) 클라이언트의 자기결정권

클라이언트의 자기결정권(Self-determination)이란, 클라이언트가 스스로 선택하고 결정할 수 있도록 클라이언트의 권리와 욕구를 인정하는 사회복지 윤리원칙이다. 물론 이 내면에는 클라이언트가 선택하는 데 필요한 정보를 얻고 선택한 결과를 이해하도록 하는 사회복지사의 역할을 포함한다. 사회복지사는 자신의 전문적 지식과 경험, 기술에 근거하여 자신의 생각이나 이념을 클라이언트에게 강요할 수 없고, 클라이언트가 스스로 가장 최선이라고 생각하는 것을 선택할 수 있다는 권리이다. 그러나 자기결정 원칙은 온정주의와 관련되어 복잡한 이슈를 야기할 수 있다. 클라이언트의 이익을 위해 클라이언트의 바람을 제한하거나 자유를 방해하는 결과를 가져올 수 있기 때문이다(예: 클라이언트의 자학하는 행동을 제한하거나, 원하지 않는 치료나 서비스를 받도록 하는 것 등). 사회복지사의 온정주의적 행동에 대한 찬반 논의가 있으며 이 이슈는 자기결정뿐 아니라 고지된 동의 원칙과도 맞물린다.

이때 클라이언트의 나이가 너무 어리거나 정신 연령이 낮아서 스스로 결정할 수 있는 능력이 없을 때, 클라이언트가 결정한 것이 다른 사람이나 기관·사회에 해를 입힐 가능성이 높다고 판단될 때, 사회복지사는 어느 범위까지 클라이언트의 자기결정권을 한정해야 할지 윤리적 딜레마에 처하게 된다.

2) 비밀보장

비밀보장(Confidentiality)이란, 사회복지사가 클라이언트의 동의 없이 클라이언트에 대한 정보를 누설하지 않는다는 윤리원칙이다. 이러한 정보에는 클라이언트의 신원, 명백하게 말로 표현한 내용, 클라이언트에 대한 전문가 의견, 기록된 자료 등이 있다. 대다수의 경우 클라이언트와 나눈 정보는 비밀보장이 지켜져야 한다. 그러나 클라이언트가 자신 또는 타인을 해할 위험이 있을 경우, 아동이나 노인학대가 일어났을 경우 등 사회복지사는 비밀을 지킬 수 없다고 판단되는 상황에 부딪힐 수 있다.

전미사회복지사협회의 윤리강령에 의하면 "어쩔 수 없는 전문가적 이유 때문에 비밀보장 정보를 밝힐 수 있다."고 명시하고 있으나 이러한 조건에 대해 합의된 구체적 내용은 없다. 또한 사회복지사는 법정으로부터 클라이언트의 정보를 공개하라는 명령을 받을 수 있고 이때 윤리적 갈등을 겪을 수 있다. 슈퍼비전이나 전문가 회의 등에서 전문적인 이유로 공개할 수 있는데, 이때에는 클라이언트 개인의 권리를 최대한 존중하면서 사전에 동의를 받아야 한다.

3) 진실을 말할 의무

진실을 말할 의무란, 사회복지사는 클라이언트에게 정직하게 실천내용을 보고할 책임이 있다는 것이다. 여기에는 제안한 서비스나 정보 유출의 의미와 특성에 대해, 발생할 수 있는 위험과 혜택에 대해, 클

---

1) 윤리적 딜레마(ethical dilemma)란 두 가지 혹은 그 이상의 도덕원칙 또는 의무가 동등하고 유용하다고 여겨지지만, 동시에 이 원칙들은 서로 모순되는 상황이다. 개인은 이런 경우 그 상황에서 최선의 것을 선택해야 한다는 것을 의미한다.

라이언트 자신이나 친척에게 미칠지도 모르는 영향에 대해, 그리고 가능한 대안과 예상되는 비용에 대해 클라이언트가 충분하게 알고 있어야 함을 의미한다.

어떤 사람이 비밀로 클라이언트에 관해 말하거나 행동했을 때, 그 사실을 클라이언트에게 알려주는 것이 좋은지, 만약 알려준다면 그 사람의 비밀보장은 어떻게 되는지 등과 관련이 있다. 진실을 말하지 않거나 잘못된 정보를 제공하는 일은 없어야 한다. 그러나 때로 진실한 정보가 클라이언트에게 해가 된다고 판단될 때 사회복지사는 윤리적 갈등을 경험할 수 있다.

4) 기타

이 이외에도 사회복지사가 갖게 되는 윤리적 갈등의 문제는 다양하다. 몇 가지 예를 들면 다음과 같은 상황이 있을 수 있다.

첫째, 제한된 자원의 공정한 분배의 문제이다. 공평하게 자원을 분배해야 상황에서 사회복지사가 한정된 자원을 똑같이 제공해야 하는 형평성 기준을 찾는 것은 매우 어려운 과제이다.

둘째, 상충되는 의무와 기대의 문제이다. 클라이언트, 동료, 상사, 기관, 사회 등이 서로 상충된 기대를 가질 때, 사회복지사는 누구를 우선으로 의무를 행사해야 하는지 갈등하게 된다.

셋째, 클라이언트의 이익과 사회복지사의 이익의 문제이다. 사회복지사의 원조과정에서 사회복지사는 자신의 이익을 위해서 행동해서는 안 된다. 그러나 자신을 위태롭게 하거나 희생을 강요당할 때 갈등할 수 있다.

넷째, 전문적 동료관계 또는 휘슬블로윙(whistle-blowing)의[2] 문제이다. 동료 사회복지사가 전문가로서 권위를 남용해 클라이언트나 전문직에 해를 끼치는 행동을 했을 때나 기관의 규정위반, 부정수단이나 속임수를 사용했음을 발견했을 때 이러한 사실을 알게 된 사회복지사는 그 사실을 보고해야 하는지에 대해 갈등할 수 있다.

다섯째, 규칙과 정책 준수의 문제이다. 고용되어 있는 기관의 정책, 규칙을 준수해야 하지만 클라이언트의 문제를 해결하기 위해 내린 결정이 기관정책에 어긋날 때 사회복지사는 갈등 상황에 놓이게 된다.

여섯째, 개인적 가치와 전문적 가치의 문제이다. 사회복지사는 때때로 자신의 개인적 가치와 전문가로서의 가치의 상충을 경험할 수 있다. 또한 사회복지사의 가치와 클라이언트의 개인적, 종교적 가치가 상충될 수 있다.

03 윤리적 딜레마에 대한 결정원칙과 대처방안

1) 윤리적 결정원칙 및 결정지침

사회복지사는 위와 같은 두 가지 이상의 정당한 가치나 윤리 사이에 갈등이 존재할 때 하나의 가치나 윤리를 우선적으로 결정해야 하는 딜레마를 경험한다. 윤리적 딜레마 상황에서 도움을 주는 지침으로는 로웬버그와 돌고프(Lowenberg & Dolgoff)의 윤리적 의사결정모델과 윤리적 결정지침은 다음과 같다.

---

2) 휘슬블로윙(whistle-blowing)은 내부고발을 뜻하는 것으로 조직내부의 부당행위를 대외적으로 공개하는 것을 말한다.

(1) 로웬버그와 돌고프의 윤리적 의사결정모델

로웬버그와 돌고프의 윤리적 의사결정모델은 다음과 같은 단계를 가진다.

① 1단계: 문제와 문제를 지속시키는 요인 확인
② 2단계: 당면문제에 관련되어 있는 사람들과 제도 확인
③ 3단계: 확인된 관련자들이 당면 문제와 관련해 갖고 있는 가치 확인
④ 4단계: 당면문제 해결 또는 감소시킬 수 있는 목적이나 목표 확인
⑤ 5단계: 대안적 개입전략과 표적 확인
⑥ 6단계: 확인된 목표들과 각 대안들의 효과성 및 효율성 사정
⑦ 7단계: 의사결정에 관여해야 할 사람 결정
⑧ 8단계: 가장 적절한 전략 선택
⑨ 9단계: 선택된 전략 실행
⑩ 10단계: 실행검토 및 예기치 않은 결과에 주의
⑪ 11단계: 결과 평가 및 부가적 문제 확인

(2) 로웬버그와 돌고프의 윤리적 결정지침

딜레마를 해결하기 위한 우선순위를 결정함에 있어서 참고할 수 있는 준거 틀로는 로웬버그와 돌고프의 윤리적 결정지침이 있는데 다음과 같다.

① 윤리원칙 1. 생명보호의 원칙

ㄴ심각한 고혈압을 앓고 있는 중년 남자의 경우 생명을 위협하는 고혈압을 내리기 위해 처방되었던 약물은 그를 성불능자로 만들었다. 상담을 요하는 클라이언트가 약물을 끊고자 할 때 사회복지사가 클라이언트의 결정에 동의하면 그의 성기능은 정상으로 회복될 수 있도록 도와줄 수 있어도(원칙 5: 생활의 질) 원칙 1(생명보호)의 생명의 보호에 대한 위험성은 높아진다. 이러한 상황에서 사회복지사의 최선의 선택은 원칙 1을 준수하는 것이다.

사회복지사는 인간의 생명을 보호하여야 할 의무가 있다. 이는 기본적인 의식주의 해결로부터 의료보장, 소득보장에 이르기까지 인간의 기본 생존권을 보장하는 것을 의미한다. 또한 저소득계층의 최저생계보장 및 최저생활보장 등의 삶의 질을 높이는데도 기여해야 한다.

② 윤리원칙 2. 평등과 불평등의 원칙

학대받는 아동은 성인과 '동등한' 위치에 있지 않기 때문에 학대상황이 비록 생과 사의 심각한 경우가 아니어도 학대하는 성인에 대한 비밀보장 가치의 원칙은 아동을 보호하는 의무에 비해 더욱 낮은 순위를 차지한다.

③ 윤리원칙 3. 자율성과 자유의 원칙

사회복지사는 클라이언트의 자유, 자율 그리고 독립성을 최대한 보장하는 환경을 제공해야 한다. 클라이언트가 자유로운 분위기에서 자신의 의지에 따라 스스로 결정할 수 있는 환경이 보장되어야 한다. 그러나 클라이언트 스스로 결정한 것이 자신이나 타인의 생명을 위협하는 것일 때에는 사회복지사는 이에 개입해야 한다. 원칙3(자유의 가치)보다 원칙 1(생명보호)이 앞서기 때문이다.

④ 윤리원칙 4. 최소 손실의 원칙

사회복지사는 항상 최소한의 손실, 즉 최소한의 영구적인 손상 혹은 가장 쉽게 회복될 수 있는 방향으로 개입기회를 선택해야 한다. 즉, 모든 선택 대안들이 모두 다 유해하거나 또는 누구에게든지 유해할 때 가장 최소로 유해한 대안을 선택하여야 하며, 가장 빠르고 쉽게 원상복귀 될 수 있는 대안을 선택하여야 한다.

⑤ 윤리원칙 5. 삶의 질의 원칙

사회복지사는 지역사회뿐만 아니라 모든 사람들의 생활의 질을 향상시키는 기회를 선택하여야 한다.

⑥ 윤리원칙 6. 사생활보호와 비밀보장의 원칙

사회복지사는 모든 사람들의 사생활 보호의 권리를 신장시키는 실천을 결정해야 한다. 비밀을 누설하지 않고 유지하는 것 등이 포함된다. 클라이언트는 사회복지사와의 전문적인 관계 속에서 자신의 문제해결을 위한 많은 내용을 공개하게 된다. 사회복지사는 이 내용들을 클라이언트의 문제해결을 위한 목적 이외에는 타인에게 공개해서는 아니 된다. 클라이언트의 비밀보장이 우선순위 1번인 생명보호에 위배될 때에는 생명보호가 클라이언트의 비밀보장보다 우선된다.

⑦ 윤리원칙 7. 진실성과 완전공개의 원칙

사회복지사는 클라이언트와 다른 사람들에게 진실을 말하고 정보를 충분히 개방하는 것을 허용해야 하는 결정을 해야 한다.

2) 윤리적 딜레마의 대처 방안

모든 인간은 가치를 가지고 있다. 사회복지전문직도 가치를 갖고 있으며, 이들 가치는 사회복지사에게 무엇을 어떻게 처리할 지를 가르쳐주는 실천지침이 된다. 사회복지사들은 개인적 가치를 분명히 하고, 이들 가치가 전문직의 가치와 맞물리거나 충돌 할 때 이를 깨달아야 한다. 그리고 사회복지사는 클라이언트 역시 개인적 가치를 가지고 있으며, 이들 가치가 사회복지사 개인의 가치 또는 전문직의 가치와 갈등을 초래할 수 있음으로 인식해야 한다. 또한 보다 큰 사회는 정책과 법을 통해서 가치를 표명하여 윤리적 딜레마에 대처하여야 한다. 또한 사회복지사는 개인의 신변, 클라이언트의 가치 혹은 전문직의 가치와 충돌할 수 있다.

자기인식은 이런 잠재적 갈등영역을 찾아내는 첫 번째 단계이다. 가치명료화를 통해 이들 가치 간의 잠재적인 갈등과 이 갈등이 윤리적 의사결정에 미칠 수 있는 잠재적 영향력에 대한 인식을 갖추어야 한다. 이러한 윤리적 대처방안에 대하여 요약하면 다음과 같다(류형택 외, 2014 : 33~35).

(1) 개인적 가치 명료화

개인적 가치는 개인이 가지고 있는 가치이며, 다른 사람들이 반드시 이 가치를 공유하는 것은 아니다. 예를 들어, 사회복지사가 안락사에 대해 찬성한다(혹은 반대 한다)고 말하는 것으로는 충분하지 않으며, 이에 대한 개인적 가치를 분명하게 해야 한다.

(2) 집단가치의 명료화

집단가치는 사회의 하위집단(종교집단, 소수민족 집단 등)이 가지고 있는 가치이다. 사회복지사는 하나 이상의 집단에 소속되어 있으며, 전문가, 종교 및 관련 집단뿐 아니라 가족과 지역사회의 영향을 받아 가치를 형성하게 된다. 중산층 출신의 사회복지사가 빈곤가족에게 서비스를 제공 할 때 발생할 수 있는 가치 차이에 관한 이슈는 자주 지적되어 왔다.

(3) 사회적 가치의 명료화

사회적 가치는 사회체계의 다수, 혹은 적어도 체계의 지도자나 대변인이 인정하는 가치이다. 다문화, 다종교, 그리고 다가치적 사회가 되어 감에 따라 윤리적 지침으로서 사회적 가치를 규명하는 것이 점차 어려워 진다.

(4) 가치관에 대한 자기 인식

사회복지사로서 가치관에 대한 의식을 명확히 하는 것은 매우 중요하다. 가치관에 대한 자기 인식은 다음과 같다.

① 자신의 가치관은 자신의 태생과 성장, 그리고 환경적 요소까지 영향을 끼친다. 또한 그 기준은 깊숙이 내면화되어 있으며, 자신의 감정적 요소가 개입되어 있음을 인식해야 한다.
② 자신이 갖고 있는 편견이 무엇인지 아는데 최선의 노력을 해야 한다.
③ 자기 자신과 스스로의 가치관을 객관적이고도 현실적으로 평가하도록 노력해야 한다.
④ 평가에 근거하여 필요한 가치관은 변화하도록 노력하며, 클라이언트와 사회복지사 자신은 모든 생활양식과 태도, 그리고 판단에 있어서 크게 다름을 인식해야 한다.
⑤ 사회복지사는 문학, 예술, 음악과 개인의 생활경험을 통해 가능한 한 여러 부류의 사람들과 접해 보고 그들의 생활양식, 가치관을 이해하도록 노력해야 한다.
⑥ 사회복지사는 심리상담, 미술치료, 의사소통 등과 같은 심리·정서적 전문 교육과정을 통해서 먼저 자신을 재발견하여 내면의 가치를 향상시키는 데 주력하여야 한다.

04 사회복지사윤리강령의 이해

1) 윤리강령의 주요 기능

로웬버그와 돌고프(Lowenberg & Dolgoff)는 전문가 윤리강령의 주요 기능을 다음과 같이 소개하고 있다.

① 실천현장에서 윤리적인 딜레마가 발생하게 된 경우 이를 해결하기 위한 지침을 제공한다.
② 부정직하고 무능력한 실천가로부터 클라이언트를 보호한다.
③ 정부의 통제로부터 전문직을 보호한다. 전문직의 자기규제는 정부의 규제보다 더욱 우선시 된다.
④ 전문직의 내부 갈등으로부터 초래되는 자기파멸을 예방하여 전문가들이 조화롭게 일하도록 돕는다.

⑤ 소송으로부터 전문가를 보호한다. 윤리강령을 따르는 실천가들이 실천오류오 인해 제기된 소송에서 일정한 보호를 받도록 한다(서미경 외, 2000)

2) 한국사회복지사협회의 윤리강령

(1) 서문

사회복지사는 인본주의·평등주의 사상에 기초하여, 모든 인간의 존엄성과 가치를 존중하고 천부의 자유권과 생존권의 보장활동에 헌신한다. 특히 사회적·경제적 약자들의 편에 서서 사회정의와 평등·자유와 민주주의 가치를 실현하는데 앞장선다. 또한 도움을 필요로 하는 사람들의 사회적 지위와 기능을 향상시키기 위해 그들과 함께 일하며, 사회제도 개선과 관련된 제반 활동에 주도적으로 참여한다. 사회복지사는 개인의 주체성과 자기결정권을 보장하는 데 최선을 다하고, 어떠한 여건에서도 개인이 부당하게 희생되는 일이 없도록 한다. 이러한 사명을 실천하기 위하여 전문적 지식과 기술을 개발하고, 사회적 가치를 실현하는 전문가로서의 능력과 품위를 유지하기 위해 노력한다.

이에 우리는 클라이언트·동료·기관 그리고, 지역사회 및 전체사회와 관련된 사회복지사의 행위와 활동을 판단·평가하며 인도하는 윤리기준을 다음과 같이 선언하고 이를 준수할 것을 다짐한다.

(2) 사회복지사의 기본적 윤리기준

① 전문가로서의 자세

- 사회복지사는 전문가로서의 품위와 자질을 유지하고, 자신이 맡고 있는 업무에 대해 책임을 진다.
- 사회복지사는 클라이언트의 종교·인종·성·연령·국적·결혼상태·성 취향·경제적 지위·정치적 신념·정신, 신체적 장애·기타 개인적 선호, 특징, 조건, 지위를 이유로 차별 대우를 하지 않는다.
- 사회복지사는 전문가로서 성실하고 공정하게 업무를 수행하며, 이 과정에서 어떠한 부당한 압력에도 타협하지 않는다.
- 사회복지사는 사회정의 실현과 클라이언트의 복지 증진에 헌신하며, 이를 위한 환경 조성을 국가와 사회에 요구해야 한다.
- 사회복지사는 전문적 가치와 판단에 따라 업무를 수행함에 있어, 기관 내외로부터 부당한 간섭이나 압력을 받지 않는다.
- 사회복지사는 자신의 이익을 위해 사회복지 전문직의 가치와 권위를 훼손해서는 안된다.
- 사회복지사는 한국사회복지사협회 등 전문가단체 활동에 적극 참여하여, 사회정의 실현과 사회복지사의 권익옹호를 위해 노력해야 한다.

② 전문성 개발을 위한 노력

- 사회복지사는 클라이언트에게 최상의 서비스를 제공하기 위해, 지식과 기술을 개발하는데 최선을 다하며 이를 활용하고 전파할 책임이 있다.
- 클라이언트를 대상으로 연구하는 사회복지사는 저들의 권리를 보장하기 위해, 자발적이고 고지된 동의를 얻어야 한다.
- 연구과정에서 얻은 정보는 비밀보장의 원칙에서 다루어져야 하고, 이 과정에서 클라이언트는 신체적, 정신적 불편이나 위험·위해 등으로부터 보호되어야 한다.

- 사회복지사는 전문성을 개발하기 위해 노력하되, 이를 이유로 서비스의 제공을 소홀히 해서는 안 된다.
- 사회복지사는 한국사회복지사협회 등이 실시하는 제반교육에 적극 참여하여야 한다.

③ 경제적 이득에 대한 태도

- 사회복지사는 클라이언트의 지불능력에 상관없이 서비스를 제공해야 하며, 이를 이유로 차별대우를 해서는 안 된다.
- 사회복지사는 필요한 경우에 제공된 서비스에 대해, 공정하고 합리적으로 이용료를 책정해야 한다.
- 사회복지사는 업무와 관련하여 정당하지 않은 방법으로 경제적 이득을 취하여서는 안 된다.

(3) 사회복지사의 클라이언트에 대한 윤리기준

① 클라이언트와의 관계

- 사회복지사는 클라이언트의 권익옹호를 최우선의 가치로 삼고 행동한다.
- 사회복지사는 클라이언트에 대하여 인간으로서의 존엄성을 존중해야 하며, 전문적 기술과 능력을 최대한 발휘한다.
- 사회복지사는 클라이언트가 자기결정권을 최대한 행사할 수 있도록 도와야 하며, 저들의 이익을 최대한 대변해야 한다.
- 사회복지사는 클라이언트의 사생활을 존중하고 보호하며, 직무 수행과정에서 얻은 정보에 대해 철저하게 비밀을 유지해야 한다.
- 사회복지사는 클라이언트가 받는 서비스의 범위와 내용에 대해, 정확하고 충분한 정보를 제공함으로써 알 권리를 인정하고 존중해야 한다.
- 사회복지사는 문서·사진·컴퓨터 파일 등의 형태로 된 클라이언트의 정보에 대해 비밀보장의 한계·정보를 얻어야 하는 목적 및 활용에 대해 구체적으로 알려야 하며, 정보 공개 시에는 동의를 얻어야 한다.
- 사회복지사는 개인적 이익을 위해 클라이언트와의 전문적 관계를 이용하여서는 안 된다.
- 사회복지사는 어떠한 상황에서도 클라이언트와 부적절한 성적관계를 가져서는 안 된다.
- 사회복지사는 사회복지 증진을 위한 환경조성에 클라이언트를 동반자로 인정하고 함께 일해야 한다.

② 동료의 클라이언트와의 관계

- 사회복지사는 적법하고도 적절한 논의 없이 동료 혹은, 다른 기관의 클라이언트와 전문적 관계를 맺어서는 안 된다.
- 사회복지사는 긴급한 사정으로 인해 동료의 클라이언트를 맡게 된 경우, 자신의 의뢰인처럼 관심을 갖고 서비스를 제공한다.

(4) 사회복지사의 동료에 대한 윤리기준

① 동 료

- 사회복지사는 존중과 신뢰로써 동료를 대하며, 전문가로서의 지위와 인격을 훼손하는 언행을 하지 않는다.

- 사회복지사는 사회복지 전문직의 이익과 권익을 증진시키기 위해 동료와 협력해야 한다.
- 사회복지사는 동료의 윤리적이고 전문적인 행위를 촉진시켜야 하며, 이에 반하는 경우에는 제반 법률규정이나 윤리기준에 따라 대처해야 한다.
- 사회복지사가 전문적인 판단과 실천이 미흡하여 문제를 야기시켰을 때에는, 적절한 조치를 취하여 클라이언트의 이익을 보호해야 한다.
- 사회복지사는 전문직 내 다른 구성원이 행한 비윤리적 행위에 대해, 제반 법률규정이나 윤리기준에 따라 조치를 취해야 한다.
- 사회복지사는 동료 및 타 전문직 동료의 직무 가치와 내용을 인정·이해하며, 상호간에 민주적인 직무관계를 이루도록 노력해야 한다.

② 슈퍼바이저

- 슈퍼바이저는 개인적인 이익의 추구를 위해 자신의 지위를 이용해서는 안 된다.
- 슈퍼바이저는 전문적 기준에 의해 공정하게 책임을 수행하며, 사회복지사·수련생 및 실습생에 대한 평가는 그들과 공유해야 한다.
- 사회복지사는 슈퍼바이저의 전문적 지도와 조언을 존중해야 하며, 슈퍼바이저는 사회복지사의 전문적 업무수행을 도와야 한다.
- 슈퍼바이저는 사회복지사·수련생 및 실습생에 대해 인격적·성적으로 수치심을 주는 행위를 해서는 안 된다.

(5) 사회복지사의 사회에 대한 윤리기준

- 사회복지사는 인권존중과 인간평등을 위해 헌신해야 하며, 사회적 약자를 옹호하고 대변하는 일을 주도해야 한다.
- 사회복지사는 필요한 사회서비스를 개발하기 위한 사회정책의 수립·발전·입법·집행에 적극적으로 참여하고 지원해야 한다.
- 사회복지사는 사회환경을 개선하고 사회정의를 증진시키기 위한 사회정책의 수립·발전·입법·집행을 요구하고 옹호해야 한다.
- 사회복지사는 자신이 일하는 지역사회의 문제를 이해하고, 그것을 해결하는 일에 적극적으로 참여해야 한다.

(6) 사회복지사의 기관에 대한 윤리기준

- 사회복지사는 기관의 정책과 사업 목표의 달성·서비스의 효율성과 효과성의 증진을 위해 노력함으로써, 클라이언트에게 이익이 되도록 해야 한다.
- 사회복지사는 기관의 부당한 정책이나 요구에 대하여, 전문직의 가치와 지식을 근거로 이에 대응하고 즉시 사회복지윤리위원회에 보고해야 한다.
- 사회복지사는 소속기관 활동에 적극 참여함으로써, 기관의 성장발전을 위해 노력해야 한다.

(7) 사회복지윤리위원회의 구성과 운영

- 한국사회복지사협회는 사회복지윤리위원회를 구성하여, 사회복지윤리실천의 질적인 향상을 도모하여야 한다.
- 사회복지윤리위원회는 윤리강령을 위배하거나 침해하는 행위를 접수받아, 공식적인 절차를 통해 대처하여야 한다.
- 사회복지사는 한국사회복사협회의 윤리적 권고와 결정을 존중하여야 한다.

(8) 사회복지전담공무원의 윤리

① 전문직으로서의 윤리

- 국가와 공공사회복지 최일선에 직접 봉사하는 사회복지전문공무원이라는 자부심과 책임감을 가지고 관련지식과 기술의 습득·개발 등 창의적인 노력과 능동적인 자세로 맡은 바 소임을 다한다.
- 사회복지전문공무원으로서 품위와 자질을 유지하고 수행하는 업무에 대하여 책임을 지며 업무수행상 공정성을 확보한다.
- 사회복지 전문직으로서 역할수행과 관련, 현실적인 여건을 최대한 활용하여 전문지식활용 분야를 개척 해 나가며 지역사회 복지자원을 최대한 활용한다.
- 지역실정 및 복지대상자의 욕구에 맞는 사업을 개발, 적용시키기 위한 노력을 한다.
- 법규나 지침에 의하여 행정적으로 이루어지는 업무에만 국한하지 않고 복지대상자의 개별심리와 처해 진 위기상황을 파악하여 자립할 수 있도록 지원해 준다.
- 전문적 업무관계를 이용하여 부당한 영리를 취하거나, 직무상 취득한 정보(복지대상자 개인 신상 등)를 전문적 업무 이외에는 공개하지 않는다.
- 사업의 실적 및 사업효과성이 분석될 수 있도록 각종 통계자료 및 사업추진 관련 자료관리에 유의하고, 복지대상자에 대한 정확한 관리자료를 확보한다.

② 복지대상자에 대한 윤리

- 복지대상자의 권리를 최우선으로 삼아 정직과 성실로 직무에 전념한다.
- 복지대상자가 자기결정권을 최대한 행사할 수 있도록 도와준다.
- 복지대상자를 대할 때 인간존중의 정신과 성실에 바탕을 두고 어려운 자의 편에 서서 헌신하고 봉사 하는 자세를 갖는다.
- 복지대상자의 사생활을 존중하며 사상, 종교, 학력, 지역 등에 따라 차별하지 않는다.
- 복지대상자별 욕구에 따라 각종 서비스 방안을 마련하되 자립·자활능력을 향상시키는 생산적인 복지 서비스가 되도록 노력한다.
- 복지대상자에게 항상 친절한 서비스를 제공한다.

③ 조직 내에서의 윤리

- 동료 상호간에 존중과 신뢰로서 대하며 전문적 지위와 인격을 훼손하는 언행을 하지 않는다.
- 선배나 상사의 직무상 명령을 존중한다.
- 타 분야 인력과 조화와 협조관계를 유지하도록 노력한다.
- 업무수행과정에서 새로운 사회복지 지식과 동료, 선배인력들의 경험을 습득함으로써 전문가로서의

능력을 꾸준히 제고시켜 나간다.

④ 지역사회와 유관기관에 대한 윤리

- 복지대상자에 대한 보호를 행함에 있어 필요한 경우에는 유관 복지기관과 연계, 보호결정 수준 등에 대한 객관성을 확보토록 노력한다.
- 지역 내 사회복지관 등 각종 복지관련 유관기관들과 긴밀한 협동적 관계를 유지하여 복지프로그램 수행 및 후원자 관리 등 지역사회 자원들 간의 연계방안을 강구한다. 선배나 상사의 직무상 명령을 존중한다.
- 예산사업 이외에도 민간의 복지활동 참여에 의한 복지대상자 발굴을 위하여 평소 지역사회 내의 지원파악 및 자원관리 등 지역사회지원들 간의 연계방안을 강구한다.
- 지역사회 내에서 지역복지센터, 복지교사로서의 역할을 수행한다.

참고문헌

권진숙 외(2012). 사례관리전문가교육실무자 기초과정. 학지사.
________(2008). 사례관리의 이론과 실제. 학지사.
김귀숙 외(2018). 사회복지실천론. 양서원.
김귀환 외(2009). 사회복지정책론. 21세기사.
김선희 외(1999). 사회복지실습 길라잡이. 홍익재.
김영호 외(2007). 사회복지현장실습의 이해. 양서원.
김치영(2014). 인간과 사회 그리고 복지. 동문사.
김혜란 외(2006). 사회복지실천기술론. 나남.
나직균 외(2009). 사회복지행정론. 21세기사.
류형택 외(2014). 사회복지현장실습. 동문사.
백광흠 외(2012). 실습지도자를 위한 지역아동센터 현장실습 지도 매뉴얼. KB아카데미.
보건복지부(2019). 2018년 사회복지관 현황.
_________(2019). 2019 노인복지시설 현황.
_________(2019). 2018말 기준 전국 지역아동센터 통계조사보고서.
_________(2019). 2019년도 공동생활가정 그룹홈 현황.
_________(2019). 2019년도 아동복지시설 현황.
_________(2020). 2019년 사회복지관 현황.
_________(2020). 2020년 노인복지시설 현황.
_________(2020). 2020년 공동생활가정 현황.
_________(2020). 2020년 아동복지시설 현황.
_________(2020). 2020년 사회복지시설안내.
_________(2020). 2020년 장애인복지시설 사업안내.
_________(2020). 2020년 장애인복지사업안내.
_________(2020). 2020년 지역아동센터 지원 사업안내.
_________(2020). 2020년 아동분야 사업안내.
서미경 외 공역(2000). 사회복지실천윤리. 양서원.
서진환(2001). 사회복지실습의 길잡이. 학지사.
서홍란 외(2009). 사회복지현장실습. 공동체.
안정선 외(2010). 사회복지 슈퍼비전의 이론과 실제. 신정.
양옥경 외(2007). 사회복지현장실습 슈퍼비전. 한국사회복지사협회.
오수경 외(2012). 사회복지현장실습. 공동체.
오혜경 외(2010). 사회복지현장실습메뉴얼. 양서원.
윤철수 외(2010). 예비사회복지사를 위한 현장실습 길라잡이. 학지사.
이경아 외(2012). 개정판 사회복지현장실습. 공동체.
이효선(2003). 사회복지 윤리와 철학의 이해. 학지사.
임정문 외(2016). 사회복지개론. 동문사.

조휘일 역(2000). 사회복지실천과 수퍼비젼. 학지사.

태화기독교사회복지관(2003). 사회복지실습지도 이론과 실제. 양서원.

한국사회복지교육협의회 편(2002). 사회복지학 교과목 지침서.

__________________(2012). 사회복지학 교과목 지침서.

한국사회복지사협회(2005). 사회복지현장실습 교육지침서. 한국사회복지사협회.

__________________(2010). 사회복지현장실습 실태조사 및 지침서.

__________________(2010a). 사회복지현장실습 실태조사 및 지침서.

__________________(2010b). 사회복지현장실습 지도자교육(기초과정).

__________________(2012). 사회복지현장 실습지도자 교육 교재.

__________________(2013a). 표준실습매뉴얼-종합사회복지관.

__________________(2013b). 표준실습매뉴얼-노인이용시설.

__________________(2014a). 표준실습매뉴얼-생활시설.

__________________(2013b). 표준실습매뉴얼-장애인복지관.

__________________(2015). 2015 사회복지사 자격관리지침.

홍순혜, 한인영 역(1997). 사회사업기록: 이론과 실제, 학문사.

국가법령정보센터 홈페이지 http://www.law.go.kr

법제처 http://www.moleg.go.kr

보건복지부 홈페이지 http://www.mohw.go.kr

지역아동센터 중앙지원단 홈페이지 http://www.icareinfo.info

유니세프 한국위원회 홈페이지 http://www.unicef.or.kr

한국사회복지사협회 http://www.welfare.net

Cormier, W. H., & Cormier, S.(1991). Interviewing Strategies for Helpers. elmont, CA: Brooks/Cole Publishing Company.

Cournoyer, Barry.(1996). The Social Work Skills Workbook.(2nd ed.).Brooks/Cole Publishing Company.

Garthwait, C. L.(2005). The Social Work Practicum: A Guide and Workbook for Students.(3rd ed.). Allyn and Bacon.

Kadushin, A.(1992). Supervision in Social Work. New York: Columbia University Press.

Royse, D. Dhooper, S. S., and Romof, E. L.(2003). Field Instruction: A Guide for Social Work Students.(4th ed.). Allyn and Bacon.

Thomlinson, B., Rogers, G., Collins, D., & Grinnell, Jr., R. M.(1996). The Social Work Practicum : An Access Guide.(2nd ed.). Itasca, IL: F. E. Peacock Publishers.

University of Arkansas.(2004). Rehabilitation Counseling Practicum Manual.

찾아보기

ㄱ

가정폭력보호시설 87
가치 41, 93
개별지도방법 28
개인적 가치 명료화 98
거시적 차원 89
계획가 89
교사 88
교육기관 역할 34
교육적 기능 78
교육적 실습 30
구법 적용자 16
국가평생교육진흥원 14
그룹지도방법 28
기관 목표 22
기관・조직 차원 89
기관실습 27
기획형 실습 29

ㄴ

노숙인시설 87
노인복지시설 87

ㄷ

다문화가족지원센터 87
동료 89

ㅂ

미시적 차원 88

ㅂ

방학 중 실습 17
복지행정실습 27
봉사형 실습 29
비밀보장 41, 95

ㅅ

사생활보호와 비밀보장의 원칙 98
사회복지법제와 실천 14
사회복지사 90, 91
사회복지사 역할 88
사회복지사업 14, 83
사회복지시설 83
사회복지윤리 93
사회복지윤리위원회 103
사회복지전담공무원 90, 103
사회복지학개론 14
사회복지현장실습 19
사회적 가치 명료화 99
삶의 질의 원칙 98
상담형 실습 28
생명보호의 원칙 97
생활형 실습 25
성매매피해지원시설 87
성폭력피해보호시설 87
세미나 수업 15
슈퍼바이저 77, 80, 102
슈퍼바이지 77
슈퍼비전 33, 36, 77
시설실습 27
실무실습 29
실습교육 목표 23
실습기관 14, 46
실습기관 분석보고서 63
실습생 목표 22
실습생 역할 36

실습생 자세 37
실습세미나 35
실습시간 15
실습신청서 59
실습일지 48, 55
실습지도계획서 61
실습지도기록서 62
실습평가서 72
실습확인서 75

ㅇ

아동복지시설 87
연구실습 30
연구자 90
오리엔테이션 47
옹호자 88
윤리 93
윤리강령 99
윤리적 결정지침 97
윤리적 딜레마 95
윤리적 딜레마 대처 방안 98
윤리적 의사결정모델 97
의료사회복지사 90

ㅈ

자기 인식 99
자기결정권 95
자율성과 자유의 원칙 97
장애인복지시설 87
전문가 집단 차원 89
정신건강사회복지사 90
정신보건시설 87
조정자 88
종결평가 51
종결평가서 68
중간평가 49
중간평가서 66
중개자 88
중재자 89
지도형 실습 28
지지적 기능 78
지지적 실습 30
직장인 실습 17
진실성과 완전공개의 원칙 98
진실을 말할 의무 95
진행절차 16
집단가치 명료화 99
집중 방식 26

ㅊ

촉매자 90
촉진자 89
최소 손실의 원칙 98

ㅋ

케이스 담당형 실습 25

ㅌ

통년 방식 26

ㅍ

평가적 실습 30
평등과 불평등의 원칙 97

ㅎ

학교 목표 22
학교사회복지사 90
학기 중 실습 17
학자 90
한국사회복지사협회 14, 37, 100
한부모가족복지시설 87
행동가 89

행정적 기능 78
행정적 실습 30
현장개입가 89
현장실습 목적 20
현장실습 목표 22
현장실습 진행과정 45
혼합형 실습 26
훈련가 89
휘슬블로윙 96

A

activist 89
advocate 88
agency 27

B

block system 26
broker 88

C

case work service 25
case worker 26
catalyst 90
center 27
colleague 89
Confidentiality 95

D

Dolgoff 96, 99

E

enabler 88
ethical dilemma 95

F

facilitator 89

G

group conference 28

I

individual conference 28
institution 27

K

Kadushin 30, 77

L

Levy 94
Lowenberg 96, 99

M

mediator 89
mentor 77

O

OJT 33
outreach 89

P

peer conference 28
planner 89

R

rapport 43
researcher 90

S

scholar 90
Self-determination 95
Skidmore 77
supervisee 77
supervision 33
supervisor 77

T

teacher 88
team conference 28
The Social Work Dictionary 77
trainer 89
trauma 42

W

Weekly system 26
welfare administration 27
whistle-blowing 96

이상민
동국대학교 대학원 졸업(사회복지학 석사)
대구한의대학교 졸업(사회복지학 박사)
한국노인복지의료학회 이사
선린대학교 평생교육원 원장
현, 선린대학교 사회복지과 교수

유주희
세종대학교 일반대학원 행정학과 졸업(복지행정전공, 행정학 박사학위)
현, 경복대학교 공공인재학부 복지행정과 교수, 건강보험공단 장기요양등급판정위원, 아프리카아시아난민교육후원회 홍보대사, 남양주시 인구정책위원회 위원, 한국정책개발학회 감사, 다사랑복지재단 이사, 청평노인종합사회복지관 운영위원장

김기명
경성대학교 경영학과 경영학 박사
중부대학교 사회복지학과 사회복지학 석사
현, 명정장학재단 등기이사, 사회복지법인 반석복지재단 사외이사, 사회복지법인 파랑새복지관 사외이사, 부산과학기술대학교 사회복지계열 장례행정복지과, 풍수명리복지과 전임교수(학과장)

강영숙
KC대학교 학사(사회복지학)
서울한영대학교 석사(사회복지학)
서울한영대학교 박사(사회복지학)
현, 서울성경대학원대학교 사회복지학과 교수

이덕희
신라대학교 사회복지학 박사
한국사회복지상담학회 이사
전, 성덕대학교 휴먼사회복지학부 교수
현, 동의과학대학교 사회복지요양서비스과 교수
동의과학대학교 미래교육원

김홍록
협성대학교 사회복지전공 문학사
서울사회복지대학원대학교 사회복지학 석사
협성대학교 상담심리학전공 교육학 박사수료
대한신학대학원대학교 사회복지학전공 철학박사(Ph.D)
전, 청운대학교, KC대학교 사회복지과목 외래교수
현, 서울미디어대학원대학교 사회복지 전공교수

새로운 교육과정에 의한

사회복지현장실습

초판 1쇄 발행 / 2021년 2월 15일
초판 2쇄 발행 / 2022년 7월 15일
초판 3쇄 발행 / 2024년 7월 5일

●

공저자 / 이상민 · 유주희 · 김기명
강영숙 · 이덕희 · 김홍록
발행인 / 이 중 수
발행처 / 동 문 사

●

서울특별시 서대문구 홍제원 1길 12
(홍제동 137-8)
Tel : 02)736-3718(대), 736-3710, 3720
Fax : 02)736-3719
등록번호 : 1974.04.27. 제9-17호
가격 : 20,000원

●

ISBN : 979-11-6328-248-8 (93330)
E-mail : dong736@naver.com
www.dongmunsa.com

사회복지
현장실습일지

소속대학	
학 과 명	
학 번	
성 명	
연락번호	
실습기관명	
실습기간	

사회복지
현장실습일지

소 속 대 학	
학 과 명	
학 번	
성 명	
연 락 번 호	
실 습 기 관 명	
실 습 기 간	

차 례

01 실습시작 전 실습생이 학교에 제출하는 서류 / 5

[실습생 1] 실습생 서약서 ··· 5
[실습생 2] 실습신청서 ··· 6
[실습생 3] 실습생프로파일 ··· 7

02 실습생이 실습기관에 제출해야 하는 서류 / 9

실습생프로파일(기관제출용) ··· 9
[실습생 5] 실습 계약서 ··· 11

03 실습 시작 전 실습기관이 학교로 보내는 서류 / 13

실습의뢰회신서 ··· 13

04 실습기관에서 작성하는 서류 / 15

[실습기관 1] 실습지도계획서 ··· 15
[실습기관 5] 실습지도 기록서 ··· 17

05 실습생이 작성하는 서류 / 19

[실습기관 4] 실습생 출근부 ··· 19
[실습생 3] 실습일지 ··· 21
[실습생 6] 실습기관 분석 보고서 ··· 101
[실습생 26] 실습 중간평가서 ··· 105
[실습생 27] 실습 종결평가서 ··· 108
[실습생 7] 사례관리 계획서 ··· 114
[실습생 8] 사례관리 진행일지 ··· 116
[실습생 9] 사례관리 종결기록서 ··· 121
[실습생 10] 집단지도 계획서(소집단용) ··· 123
[실습생 11] 집단과정 일지(소집단용) ··· 125
[실습생 11] 집단의 개별회원 분석표(소집단용) ··· 135
[실습생 13] 집단 종결 기록서(소집단용) ··· 136
[실습생 14] 프로그램 계획서 ··· 137

[실습생 15] 프로그램 평가서 ··· 139
[실습생 16] 사회복지정책 분석 보고서(정책개발 및 평가) ··· 141
[실습생 17] 사회행동, 옹호활동 보고서(사회행동) ··· 143
[실습생 18] 홍보 기획서 ··· 145
[실습생 19] 개별 면접 일지 ··· 147
[실습생 20] 가족상담 기록서 ··· 157
[실습생 21] 사회조사 계획서 ··· 161
[실습생 22] 사회조사 진행일지 ··· 163
[실습생 23] 사회조사 분석평가서 ··· 169
[실습생 24] 기관방문분석 보고서 ··· 173
[실습생 25] 지역탐방 보고서 ··· 177

06 실습기관에서 학교로 보내는 서류 / 179

[실습기관 6] 실습평가서(교육기관 발송용) ··· 179
[실습생 4] 사회복지현장실습확인서(본인보관용) ··· 183
[실습생 4] 사회복지현장실습확인서(학교제출용) ··· 185
[실습기관 2] 실습지도자 프로파일 ··· 187
실습지도자 자격증 사본 ··· 189
실습기관 인가증 사본 ··· 190
실습기관 선정확인서 사본 ··· 191

[참고] 서식 안내 / 193

01 실습시작 전 실습생이 학교에 제출하는 서류

실습생 1 실습생 서약서

실 습 생 서 약 서

본인은 사회복지현장실습 실습생으로서 다음의 사항을 준수하며 아래의 사항이 적발될 시 학점을 취득할 수 없음을 서약합니다.

* 준수사항
1. 사회복지사 윤리강령
2. 클라이언트와 기관에 대한 비밀 유지
3. 실습교육기관 및 실습지도자의 요구사항

* 학점취득 불가사항
1. 허위 출석 및 실습 이수 요건 미충족 적발 시
2. 실습일지 타인 도용하거나 복사한 경우
3. 기관 불시 방문 시 실습기간 내 실습현장에 없는 경우
4. 사회복지현장실습 확인용 서류 미제출시

년 월 일

실습생 : (인)

실습생 2 실습신청서

실 습 신 청 서(학교제출용)

○ 실습기관명 : ______________________________

(※한국사회복지사협회 실습기관 등록기관에서만 실습)

1. 실습생 인적사항

이름		생년월일	
소 속		학년 / 학기	
현주소			
전화번호	집 :	휴대폰 :	
E-Mail			

2. 실습 의뢰내용

실습 내용		
실습지도자	(※실습지도자는 평일·주말·주간·야간 실습 등 구분없이 모두 동일한 사회복지현장실습 1건으로 보며, 같은 기간 내에 **5명 초과하여 지도할 수 없음**)	
실습 기간/요일		
실습기관 주소		
실습기관 연락처	Tel:	FAX:

* 상기 내용으로 실습신청을 의뢰합니다.

신청인(학생명) : ______________________ 인

실습생 3 실습생프로파일

실습생프로파일(학교제출용)

1. 인적사항

(반명함판 사진부착 필수)	실습생명		성 별		생년월일	
	소속	학교		학과	학년	학기
	주소					
	전화번호	집 :		핸드폰 :		
	E-mail					

2. 이수 전공과목

교과목명	이수완료	교과목명	이수완료	교과목명	이수완료
사회복지학개론		인간행동과 사회환경		사회복지실천론	
사회복지실천기술론		지역사회복지론		사회복지정책론	
사회복지행정론		사회복지법제와 실천		사회복지조사론	
사회복지자료분석론		프로그램개발과 평가		가족복지론	
아동복지론		청소년복지론		노인복지론	
여성복지론		장애인복지론		정신건강론	
정신보건사회복지론		의료사회복지론		학교사회복지론	
산업복지론		자원봉사론		사회문제론	
사회복지발달사		사회보장론		교정복지론	
사회복지윤리와 철학		사회복지지도감독론		가족상담 및 치료	

※ 실습과목 개강일 기준으로 이수교과목 표시

3. 경력

구분 (취업, 실습, 봉사)	기관	기간	내용

4. 사회복지를 전공하게 된 동기

5. 실습 기관 선택 이유

6. 실습을 통해서 성취하고자 하는 목표

7. 사회복지를 실천하는 데 있어 자신의 강점과 약점

1) 사회복지 지식 및 기술의 측면	2) 개인적인 특성 측면

8. 취미 및 특기

9. 실습기관, 실습지도자 및 실습지도교수에게 바라는 점

02 실습생이 실습기관에 제출해야 하는 서류

실습생프로파일(기관제출용)

1. 인적사항

<table>
<tr><td rowspan="5">(반명함판
사진부착 필수)</td><td>실습생명</td><td></td><td>성 별</td><td></td><td>생년월일</td><td></td></tr>
<tr><td>소속</td><td colspan="5">학교 학과 학년 학기</td></tr>
<tr><td>주소</td><td colspan="5"></td></tr>
<tr><td>전화번호</td><td colspan="5">집 : 핸드폰 :</td></tr>
<tr><td>E-mail</td><td colspan="5"></td></tr>
</table>

2. 이수 전공과목

교과목명	이수완료	교과목명	이수완료	교과목명	이수완료
사회복지학개론		인간행동과 사회환경		사회복지실천론	
사회복지실천기술론		지역사회복지론		사회복지정책론	
사회복지행정론		사회복지법제와 실천		사회복지조사론	
사회복지자료분석론		프로그램개발과 평가		가족복지론	
아동복지론		청소년복지론		노인복지론	
여성복지론		장애인복지론		정신건강론	
정신보건사회복지론		의료사회복지론		학교사회복지론	
산업복지론		자원봉사론		사회문제론	
사회복지발달사		사회보장론		교정복지론	
사회복지윤리와 철학		사회복지지도감독론		가족상담 및 치료	

※ 실습과목 개강일 기준으로 이수교과목 표시

3. 경력

구분 (취업, 실습, 봉사)	기관	기간	내용

4. 사회복지를 전공하게 된 동기

5. 실습 기관 선택 이유

6. 실습을 통해서 성취하고자 하는 목표

7. 사회복지를 실천하는 데 있어 자신의 강점과 약점

1) 사회복지 지식 및 기술의 측면	2) 개인적인 특성 측면

8. 취미 및 특기

9. 실습기관, 실습지도자 및 실습지도교수에게 바라는 점

실습생 5 실습 계약서

실 습 계 약 서

실습생명		소속 대학	
실습기관명			
실습지도자		실습지도교수	

1. 일반적 사항

1) 실습기간 : 년 월 일부터
년 월 일까지 (총 일)

2) 업무시간 : 주 일 근무, 시부터 시까지 (총 시간)

※2020년 이전 사회복지사 자격증 교과목 이수자의 경우는 실습시간 "120시간" 미이수시 실습 종료 불가함

※2020년 부터 사회복지사 자격증 교과목 이수자의 경우는 실습시간 "160시간" 미이수시 실습 종료 불가함

2. 실습의 목적과 목표

1) 목적

2) 목표

3. 실습생의 의무와 책임

1) 실습 진행시 실습생의 역할에 맞게 주어진 업무에 최선을 다해 실습에 임한다.

2) 실습생은 실습지도자의 지시에 성실하게 임하며, 실습진행시 발생한 사고에 대해 책임을 진다.

4. 실습지도자의 의무와 책임

1) 실습생 지도에 실습교육의 목적이 달성될 수 있도록 최선을 다해 실습생을 실습 지도한다.

2) 실습생의 실습진행시 발생한 사고에 대해 책임을 진다.

5. 실습지도교수의 의무와 책임

1) 실습기관 방문지도를 통한 실습지도

2) 실습생 질의사항에 대한 답변 및 지도

상기 사항을 성실하게 이행하여 실습을 진행하도록 하겠습니다.

년 월 일

실 습 생 인

실습지도자 인

실습지도교수 인

03 실습 시작 전 실습기관이 학교로 보내는 서류

실 습 의 뢰 회 신 서

기관양식에 의한 회신(수락서) 인정

귀 대학의 실습생의 실습 의뢰를 수락합니다.

<table>
<tr><td>실습생명</td><td></td><td>소속대학</td><td></td></tr>
<tr><td>기 관 명</td><td colspan="3"></td></tr>
<tr><td>기관 주소</td><td></td><td>전화번호</td><td></td></tr>
<tr><td rowspan="2">실습지도자</td><td rowspan="2">직위 :
부서 :
성명 :</td><td>연 락 처</td><td>전화 :
팩스 :</td></tr>
<tr><td>E-mail</td><td></td></tr>
</table>

<table>
<tr><td>실습 기간</td><td>20 년 월 일 ~ 20 년 월 일</td></tr>
<tr><td>대학에 대한 의견</td><td></td></tr>
</table>

실습지도자 (인)

기 관 장 (직인)

※ 실습 시작 전 실습기관에 발송된 실습의뢰 공문 사본 부착

적절한 크기로 오려 이곳에 붙임.

*학교에서 실습기관으로 발송된 실습의뢰 공문 사본 부착하세요.

04 실습기관에서 작성하는 서류

실습기관 1 실습지도계획서

실 습 지 도 계 획 서

실습지도자 :

1. 실습목적 :

2. 실습목표 :

3. 실습분야 :

4. 실습기간 :

5. 교육계획

단위시간	내용	담당	비고

6. 실습지도방법
   - 개별실습지도 계획 :
   - 집단실습지도 계획 :
   - 기타 계획 :

7. 실습일정

번 호	일 정	시 간	실 습 내 용	담당	과제물

8. 실습생의 책임과 과제

9. 참고도서

실습기관 5 실습지도 기록서

실 습 지 도 기 록 서

○ 실습지도자 : (인)
○ 실 습 생 : (인)

번호	일 시	실습지도 내용	비 고
1			
2			
3			
4			
5			
6			
7			
8			
9			
10			
11			
12			
13			
14			
15			
16			
17			
18			
19			
20			

실습기관 5 실습지도 기록서

실 습 지 도 기 록 서

○ 실습지도자 : (인)

○ 실 습 생 : (인)

번호	일 시	실습지도 내용	비 고
21			
22			
23			
24			
25			
26			
27			
28			
29			
30			
31			
32			
33			
34			
35			
36			
37			
38			
39			
40			

05 실습생이 작성하는 서류

실습기관 4 실습생 출근부

실 습 생 출 근 부

□ 성명 : 긴급연락처 : 총 실습시간 : 시간

번호	월일	출근시간	퇴근시간	실습생 확인	실습 지도자확인	지각, 조퇴, 결근여부	사 유
1							
2							
3							
4							
5							
6							
7							
8							
9							
10							
11							
12							
13							
14							
15							
16							
17							
18							
19							
20							

* 기입요령 : 출근시간, 퇴근시간 표시, 퇴근 시 실습생 및 실습지도자가 확인하며, 지각, 조퇴, 결근 시 그 사유를 함께 기록하며, 기록사항의 수정은 실습지도자의 확인이 있어야만 인정됨(임의수정 불가)

실 습 생 출 근 부

□ 성명 :　　　　　　　긴급연락처 :　　　　　　　총 실습시간 :　　　　　　　시간

번호	월일	출근시간	퇴근시간	실습생 확인	실습 지도자확인	지각, 조퇴, 결근여부	사　유
21							
22							
23							
24							
25							
26							
27							
28							
29							
30							
31							
32							
33							
34							
35							
36							
37							
38							
39							
40							

* 기입요령 : 출근시간, 퇴근시간 표시, 퇴근 시 실습생 및 실습지도자가 확인하며, 지각, 조퇴, 결근 시 그 사유를 함께 기록하며, 기록사항의 수정은 실습지도자의 확인이 있어야만 인정됨(임의수정 불가)

실습생 3 실습일지

실 습 일 지(　　회)

년　　월　　일　　요일				실습지도자	기관장
근무시간	시　분~　시　분	실습생	(인)	(인)	(인)

1. 오늘의 목표

2. 진행내용(시간, 내용 등을 중심으로 기록) - 세부내용 구체적으로 기술

〈오전〉

〈오후〉

3. 실습생 의견 및 소감(배운 점, 의문사항, 건의 등 포함)

4. 실습지도자 의견

5. 실습활동 증빙자료 및 사진

실습생 3 실습일지

실 습 일 지(　　회)

년　　월　　일　　요일				실습지도자	기관장
근무시간	시　분~　시　분	실습생	(인)	(인)	(인)

1. 오늘의 목표

2. 진행내용(시간, 내용 등을 중심으로 기록) - 세부내용 구체적으로 기술

〈오전〉

〈오후〉

3. 실습생 의견 및 소감(배운 점, 의문사항, 건의 등 포함)

4. 실습지도자 의견

5. 실습활동 증빙자료 및 사진

실습생 3 실습일지

실 습 일 지(　　회)

년　　월　　일　　요일				실습지도자	기관장
근무시간	시　분~　시　분	실습생	(인)	(인)	(인)

1. 오늘의 목표

2. 진행내용(시간, 내용 등을 중심으로 기록) – 세부내용 구체적으로 기술

〈오전〉

〈오후〉

3. 실습생 의견 및 소감(배운 점, 의문사항, 건의 등 포함)

4. 실습지도자 의견

5. 실습활동 증빙자료 및 사진

실습생 3 실습일지

실 습 일 지(　　회)

년　　월　　일　　요일				실습지도자	기관장
근무시간	시　분~　시　분	실습생	(인)	(인)	(인)

1. 오늘의 목표

2. 진행내용(시간, 내용 등을 중심으로 기록) - 세부내용 구체적으로 기술

〈오전〉

〈오후〉

3. 실습생 의견 및 소감(배운 점, 의문사항, 건의 등 포함)

4. 실습지도자 의견

5. 실습활동 증빙자료 및 사진

실습생 3 실습일지

실 습 일 지(　　회)

년　　월　　일　　요일				실습지도자	기관장
근무시간	시　분~　시　분	실습생	(인)	(인)	(인)

1. 오늘의 목표

2. 진행내용(시간, 내용 등을 중심으로 기록) - 세부내용 구체적으로 기술

〈오전〉

〈오후〉

3. 실습생 의견 및 소감(배운 점, 의문사항, 건의 등 포함)

4. 실습지도자 의견

5. 실습활동 증빙자료 및 사진

실습생 3 실습일지

실 습 일 지(회)

년 월 일 요일				실습지도자	기관장
근무시간	시 분~ 시 분	실습생	(인)	(인)	(인)

1. 오늘의 목표

2. 진행내용(시간, 내용 등을 중심으로 기록) - 세부내용 구체적으로 기술

〈오전〉

〈오후〉

3. 실습생 의견 및 소감(배운 점, 의문사항, 건의 등 포함)

4. 실습지도자 의견

5. 실습활동 증빙자료 및 사진

실습생 3 실습일지

실 습 일 지(　　회)

년　　월　　일　　요일				실습지도자	기관장
근무시간	시　분~　시　분	실습생	(인)	(인)	(인)

1. 오늘의 목표

2. 진행내용(시간, 내용 등을 중심으로 기록) - 세부내용 구체적으로 기술

〈오전〉

〈오후〉

3. 실습생 의견 및 소감(배운 점, 의문사항, 건의 등 포함)

4. 실습지도자 의견

5. 실습활동 증빙자료 및 사진

실습생 3 실습일지

실 습 일 지(　　회)

년　　월　　일　　요일				실습지도자	기관장
근무시간	시　분~　시　분	실습생	(인)	(인)	(인)

1. 오늘의 목표

2. 진행내용(시간, 내용 등을 중심으로 기록) - 세부내용 구체적으로 기술

〈오전〉

〈오후〉

3. 실습생 의견 및 소감(배운 점, 의문사항, 건의 등 포함)

4. 실습지도자 의견

5. 실습활동 증빙자료 및 사진

실습생 3 실습일지

실 습 일 지(　　회)

년　　월　　일　　요일				실습지도자	기관장
근무시간	시　분~　시　분	실습생	(인)	(인)	(인)

1. 오늘의 목표

2. 진행내용(시간, 내용 등을 중심으로 기록) - 세부내용 구체적으로 기술

〈오전〉

〈오후〉

3. 실습생 의견 및 소감(배운 점, 의문사항, 건의 등 포함)

4. 실습지도자 의견

5. 실습활동 증빙자료 및 사진

실습생 3 실습일지

실 습 일 지(　　회)

년　　월　　일　　요일				실습지도자	기관장
근무시간	시　분~　시　분	실습생	(인)	(인)	(인)

1. 오늘의 목표

2. 진행내용(시간, 내용 등을 중심으로 기록) – 세부내용 구체적으로 기술

〈오전〉

〈오후〉

3. 실습생 의견 및 소감(배운 점, 의문사항, 건의 등 포함)

4. 실습지도자 의견

5. 실습활동 증빙자료 및 사진

실습생 3 실습일지

실 습 일 지(회)

년 월 일 요일				실습지도자	기관장
근무시간	시 분~ 시 분	실습생	(인)	(인)	(인)

1. 오늘의 목표

2. 진행내용(시간, 내용 등을 중심으로 기록) - 세부내용 구체적으로 기술

〈오전〉

〈오후〉

3. 실습생 의견 및 소감(배운 점, 의문사항, 건의 등 포함)

4. 실습지도자 의견

5. 실습활동 증빙자료 및 사진

실습생 3 실습일지

실 습 일 지(회)

년 월 일 요일				실습지도자	기관장
근무시간	시 분~ 시 분	실습생	(인)	(인)	(인)

1. 오늘의 목표

2. 진행내용(시간, 내용 등을 중심으로 기록) - 세부내용 구체적으로 기술

〈오전〉

〈오후〉

3. 실습생 의견 및 소감(배운 점, 의문사항, 건의 등 포함)

4. 실습지도자 의견

5. 실습활동 증빙자료 및 사진

실습생 3 실습일지

실 습 일 지(　　회)

년　　월　　일　　요일				실습지도자	기관장
근무시간	시　분~　시　분	실습생	(인)	(인)	(인)

1. 오늘의 목표

2. 진행내용(시간, 내용 등을 중심으로 기록) - 세부내용 구체적으로 기술

〈오전〉

〈오후〉

3. 실습생 의견 및 소감(배운 점, 의문사항, 건의 등 포함)

4. 실습지도자 의견

5. 실습활동 증빙자료 및 사진

실습생 3 실습일지

실 습 일 지(회)

년 월 일 요일				실습지도자	기관장
근무시간	시 분~ 시 분	실습생	(인)	(인)	(인)

1. 오늘의 목표

2. 진행내용(시간, 내용 등을 중심으로 기록) - 세부내용 구체적으로 기술

〈오전〉
〈오후〉

3. 실습생 의견 및 소감(배운 점, 의문사항, 건의 등 포함)

4. 실습지도자 의견

5. 실습활동 증빙자료 및 사진

실습생 3 실습일지

실 습 일 지(　　회)

년 　　월 　　일 　　요일				실습지도자	기관장
근무시간	시 　분~ 　시 　분	실습생	(인)	(인)	(인)

1. 오늘의 목표

2. 진행내용(시간, 내용 등을 중심으로 기록) - 세부내용 구체적으로 기술

〈오전〉

〈오후〉

3. 실습생 의견 및 소감(배운 점, 의문사항, 건의 등 포함)

4. 실습지도자 의견

5. 실습활동 증빙자료 및 사진

실습생 3 실습일지

실 습 일 지(　　회)

년　　월　　일　　요일				실습지도자	기관장
근무시간	시　분~　시　분	실습생	(인)	(인)	(인)

1. 오늘의 목표

2. 진행내용(시간, 내용 등을 중심으로 기록) - 세부내용 구체적으로 기술

〈오전〉

〈오후〉

3. 실습생 의견 및 소감(배운 점, 의문사항, 건의 등 포함)

4. 실습지도자 의견

5. 실습활동 증빙자료 및 사진

실습생 3 실습일지

실 습 일 지(　　회)

년　　월　　일　　요일				실습지도자	기관장
근무시간	시　분~　시　분	실습생	(인)	(인)	(인)

1. 오늘의 목표

2. 진행내용(시간, 내용 등을 중심으로 기록) - 세부내용 구체적으로 기술

〈오전〉

〈오후〉

3. 실습생 의견 및 소감(배운 점, 의문사항, 건의 등 포함)

4. 실습지도자 의견

5. 실습활동 증빙자료 및 사진

실습생 3 실습일지

실 습 일 지(회)

년 월 일 요일				실습지도자	기관장
근무시간	시 분~ 시 분	실습생	(인)	(인)	(인)

1. 오늘의 목표

2. 진행내용(시간, 내용 등을 중심으로 기록) - 세부내용 구체적으로 기술

〈오전〉

〈오후〉

3. 실습생 의견 및 소감(배운 점, 의문사항, 건의 등 포함)

4. 실습지도자 의견

5. 실습활동 증빙자료 및 사진

실습생 3 실습일지

실 습 일 지(　　회)

년　　월　　일　　요일				실습지도자	기관장
근무시간	시　분~　시　분	실습생	(인)	(인)	(인)

1. 오늘의 목표

2. 진행내용(시간, 내용 등을 중심으로 기록) - 세부내용 구체적으로 기술

〈오전〉

〈오후〉

3. 실습생 의견 및 소감(배운 점, 의문사항, 건의 등 포함)

4. 실습지도자 의견

5. 실습활동 증빙자료 및 사진

실습생 3 실습일지

실 습 일 지(회)

년 월 일 요일				실습지도자	기관장
근무시간	시 분~ 시 분	실습생	(인)	(인)	(인)

1. 오늘의 목표

2. 진행내용(시간, 내용 등을 중심으로 기록) - 세부내용 구체적으로 기술

〈오전〉

〈오후〉

3. 실습생 의견 및 소감(배운 점, 의문사항, 건의 등 포함)

4. 실습지도자 의견

5. 실습활동 증빙자료 및 사진

실습생 3 실습일지

실 습 일 지(　　회)

년　　　월　　　일　　　요일				실습지도자	기관장
근무시간	시　분~　시　분	실습생	(인)	(인)	(인)

1. 오늘의 목표

2. 진행내용(시간, 내용 등을 중심으로 기록) - 세부내용 구체적으로 기술

〈오전〉

〈오후〉

3. 실습생 의견 및 소감(배운 점, 의문사항, 건의 등 포함)

4. 실습지도자 의견

5. 실습활동 증빙자료 및 사진

실습생 3 실습일지

실 습 일 지(　　회)

년　　월　　일　　요일				실습지도자	기관장
근무시간	시　분~　시　분	실습생	(인)	(인)	(인)

1. 오늘의 목표

2. 진행내용(시간, 내용 등을 중심으로 기록) - 세부내용 구체적으로 기술

〈오전〉

〈오후〉

3. 실습생 의견 및 소감(배운 점, 의문사항, 건의 등 포함)

4. 실습지도자 의견

5. 실습활동 증빙자료 및 사진

실습생 3 실습일지

실 습 일 지(회)

년 월 일 요일				실습지도자	기관장
근무시간	시 분~ 시 분	실습생	(인)	(인)	(인)

1. 오늘의 목표

2. 진행내용(시간, 내용 등을 중심으로 기록) - 세부내용 구체적으로 기술

〈오전〉

〈오후〉

3. 실습생 의견 및 소감(배운 점, 의문사항, 건의 등 포함)

4. 실습지도자 의견

5. 실습활동 증빙자료 및 사진

실습생 3 실습일지

실 습 일 지(회)

년 월 일 요일				실습지도자	기관장
근무시간	시 분~ 시 분	실습생	(인)	(인)	(인)

1. 오늘의 목표

2. 진행내용(시간, 내용 등을 중심으로 기록) - 세부내용 구체적으로 기술

〈오전〉

〈오후〉

3. 실습생 의견 및 소감(배운 점, 의문사항, 건의 등 포함)

4. 실습지도자 의견

5. 실습활동 증빙자료 및 사진

실습생 3 실습일지

실 습 일 지(　　회)

년　　월　　일　　요일				실습지도자	기관장
근무시간	시　분~　시　분	실습생	(인)	(인)	(인)

1. 오늘의 목표

2. 진행내용(시간, 내용 등을 중심으로 기록) – 세부내용 구체적으로 기술

〈오전〉

〈오후〉

3. 실습생 의견 및 소감(배운 점, 의문사항, 건의 등 포함)

4. 실습지도자 의견

5. 실습활동 증빙자료 및 사진

실습생 3 실습일지

실 습 일 지(　　회)

년　　월　　일　　요일				실습지도자	기관장
근무시간	시　분~　시　분	실습생	(인)	(인)	(인)

1. 오늘의 목표

2. 진행내용(시간, 내용 등을 중심으로 기록) - 세부내용 구체적으로 기술

〈오전〉

〈오후〉

3. 실습생 의견 및 소감(배운 점, 의문사항, 건의 등 포함)

4. 실습지도자 의견

5. 실습활동 증빙자료 및 사진

실습생 3 실습일지

실 습 일 지(　　회)

년　　월　　일　　요일				실습지도자	기관장
근무시간	시　분~　시　분	실습생	(인)	(인)	(인)

1. 오늘의 목표

2. 진행내용(시간, 내용 등을 중심으로 기록) - 세부내용 구체적으로 기술

〈오전〉

〈오후〉

3. 실습생 의견 및 소감(배운 점, 의문사항, 건의 등 포함)

4. 실습지도자 의견

5. 실습활동 증빙자료 및 사진

실습생 3 실습일지

실 습 일 지(회)

년 월 일 요일				실습지도자	기관장
근무시간	시 분~ 시 분	실습생	(인)	(인)	(인)

1. 오늘의 목표

2. 진행내용(시간, 내용 등을 중심으로 기록) – 세부내용 구체적으로 기술

〈오전〉

〈오후〉

3. 실습생 의견 및 소감(배운 점, 의문사항, 건의 등 포함)

4. 실습지도자 의견

5. 실습활동 증빙자료 및 사진

실습생 3 실습일지

실 습 일 지(　　회)

년　　월　　일　　요일				실습지도자	기관장
근무시간	시　분~　시　분	실습생	(인)	(인)	(인)

1. 오늘의 목표

2. 진행내용(시간, 내용 등을 중심으로 기록) – 세부내용 구체적으로 기술

〈오전〉

〈오후〉

3. 실습생 의견 및 소감(배운 점, 의문사항, 건의 등 포함)

4. 실습지도자 의견

5. 실습활동 증빙자료 및 사진

실습생 3 실습일지

실 습 일 지(　　회)

년　　월　　일　　요일				실습지도자	기관장
근무시간	시　분~　시　분	실습생	(인)	(인)	(인)

1. 오늘의 목표

2. 진행내용(시간, 내용 등을 중심으로 기록) - 세부내용 구체적으로 기술

〈오전〉

〈오후〉

3. 실습생 의견 및 소감(배운 점, 의문사항, 건의 등 포함)

4. 실습지도자 의견

5. 실습활동 증빙자료 및 사진

실습생 3 실습일지

실 습 일 지(　　회)

년　　월　　일　　요일				실습지도자	기관장
근무시간	시　분~　시　분	실습생	(인)	(인)	(인)

1. 오늘의 목표

2. 진행내용(시간, 내용 등을 중심으로 기록) - 세부내용 구체적으로 기술

〈오전〉

〈오후〉

3. 실습생 의견 및 소감(배운 점, 의문사항, 건의 등 포함)

4. 실습지도자 의견

5. 실습활동 증빙자료 및 사진

실습생 3 실습일지

실 습 일 지(　　회)

년　　월　　일　　요일				실습지도자	기관장
근무시간	시　분~　시　분	실습생	(인)	(인)	(인)

1. 오늘의 목표

2. 진행내용(시간, 내용 등을 중심으로 기록) - 세부내용 구체적으로 기술

〈오전〉

〈오후〉

3. 실습생 의견 및 소감(배운 점, 의문사항, 건의 등 포함)

4. 실습지도자 의견

5. 실습활동 증빙자료 및 사진

실습생 3 실습일지

실 습 일 지(　　회)

년　　월　　일　　요일				실습지도자	기관장
근무시간	시　분~　시　분	실습생	(인)	(인)	(인)

1. 오늘의 목표

2. 진행내용(시간, 내용 등을 중심으로 기록) - 세부내용 구체적으로 기술

〈오전〉

〈오후〉

3. 실습생 의견 및 소감(배운 점, 의문사항, 건의 등 포함)

4. 실습지도자 의견

5. 실습활동 증빙자료 및 사진

실습생 3 실습일지

실 습 일 지(　　회)

년　　월　　일　　요일				실습지도자	기관장
근무시간	시　분~　시　분	실습생	(인)	(인)	(인)

1. 오늘의 목표

2. 진행내용(시간, 내용 등을 중심으로 기록) – 세부내용 구체적으로 기술

〈오전〉

〈오후〉

3. 실습생 의견 및 소감(배운 점, 의문사항, 건의 등 포함)

4. 실습지도자 의견

5. 실습활동 증빙자료 및 사진

실습생 3 실습일지

실 습 일 지(회)

년 월 일 요일				실습지도자	기관장
근무시간	시 분~ 시 분	실습생	(인)	(인)	(인)

1. 오늘의 목표

2. 진행내용(시간, 내용 등을 중심으로 기록) – 세부내용 구체적으로 기술

〈오전〉

〈오후〉

3. 실습생 의견 및 소감(배운 점, 의문사항, 건의 등 포함)

4. 실습지도자 의견

5. 실습활동 증빙자료 및 사진

실습생 3 실습일지

실 습 일 지(회)

년 월 일 요일				실습지도자	기관장
근무시간	시 분~ 시 분	실습생	(인)	(인)	(인)

1. 오늘의 목표

2. 진행내용(시간, 내용 등을 중심으로 기록) – 세부내용 구체적으로 기술

〈오전〉
〈오후〉

3. 실습생 의견 및 소감(배운 점, 의문사항, 건의 등 포함)

4. 실습지도자 의견

5. 실습활동 증빙자료 및 사진

실습생 3 실습일지

실 습 일 지(　　회)

년　　월　　일　　요일				실습지도자	기관장
근무시간	시　분~　시　분	실습생	(인)	(인)	(인)

1. 오늘의 목표

2. 진행내용(시간, 내용 등을 중심으로 기록) - 세부내용 구체적으로 기술

〈오전〉

〈오후〉

3. 실습생 의견 및 소감(배운 점, 의문사항, 건의 등 포함)

4. 실습지도자 의견

5. 실습활동 증빙자료 및 사진

실습생 3 실습일지

실 습 일 지(　　회)

년　　월　　일　　요일				실습지도자	기관장
근무시간	시　분~　시　분	실습생	(인)	(인)	(인)

1. 오늘의 목표

2. 진행내용(시간, 내용 등을 중심으로 기록) - 세부내용 구체적으로 기술

〈오전〉

〈오후〉

3. 실습생 의견 및 소감(배운 점, 의문사항, 건의 등 포함)

4. 실습지도자 의견

5. 실습활동 증빙자료 및 사진

실습생 3 실습일지

실 습 일 지(회)

년 월 일 요일				실습지도자	기관장
근무시간	시 분~ 시 분	실습생	(인)	(인)	(인)

1. 오늘의 목표

2. 진행내용(시간, 내용 등을 중심으로 기록) - 세부내용 구체적으로 기술

〈오전〉

〈오후〉

3. 실습생 의견 및 소감(배운 점, 의문사항, 건의 등 포함)

4. 실습지도자 의견

5. 실습활동 증빙자료 및 사진

실습생 3 실습일지

실 습 일 지(　　회)

년　　월　　일　　요일				실습지도자	기관장
근무시간	시　분~　시　분	실습생	(인)	(인)	(인)

1. 오늘의 목표

2. 진행내용(시간, 내용 등을 중심으로 기록) - 세부내용 구체적으로 기술

〈오전〉

〈오후〉

3. 실습생 의견 및 소감(배운 점, 의문사항, 건의 등 포함)

4. 실습지도자 의견

5. 실습활동 증빙자료 및 사진

실습생 6 실습기관 분석 보고서

실습기관 분석 보고서

실 습 생 명		실습기관명	
실습기관주소	(전화 :)		

1. 기관의 역사

1) 기관 설립동기 및 설립목적

2) 기관 사업의 역사적 변천

3) 기관 역사에 대한 실습생의 평가

2. 기관의 목적

3. 기관의 주요사업 및 프로그램

1) 클라이언트 및 대상 지역

2) 주요사업

3) 서비스 전달체계

4) 기관의 대상층 및 주요사업에 대한 실습생의 평가

4. 기관의 행정사항

1) 기관의 조직구조

2) 예산, 후원 및 지원 사항

3) 기관의 행정구조와 예산 사용 및 후원에 대한 실습생의 평가

5. 기관이 속한 지역사회, 물리적 환경의 특징

1) 지역사회

2) 물리적 환경(시설, 공간 등)

6. 사회복지기관으로서 지역 내 타 기관들과의 연계

1) 관계유형 및 내용

2) 기관의 타 기관과의 관계유지에 대한 실습생의 평가

7. 기관의 특별한 면이나 전반적인 사항에 대한 인상이나 느낌

실습생 26 실습 중간평가서

실 습 중 간 평 가 서

※ 본 평가서는 사회복지현장실습 지침서를 참고하여 실습생 본인이 작성하며, 서술양식으로 작성한 뒤 실습지도자와 평가회를 갖는 것을 추천함.

실습생명		실습기관명	
실습기간		실습지도자	
실습중간 평가일		실습지도교수	

1. 실습목표와 관련된 실습내용 및 역할에 대한 평가

1) 수행한 실습내용 및 역할의 요약

2) 평가

3) 앞으로의 계획

2. 실습에 임한 자세 및 노력

3. 실습을 통해 배운 점

4. 앞으로 더 필요한 지식과 기술

5. 실습에서 어려웠던 점

6. 기관 및 실습지도자에게 건의할 점

7. 실습지도자의 실습생 중간평가 기록(※실습지도자 작성)

1) 실습생의 장점

2) 실습생의 단점

3) 기타 평가 사항

실습생 27 실습 종결평가서

실 습 종 결 평 가 서

※ 본 평가서는 사회복지현장실습 지침서를 참고하여 종결평가 내용을 실습생 본인이 작성하며, 서술양식으로 작성한 뒤 실습지도자와 평가회를 갖는 것을 추천함.

실습생명		실습기관명	
실습기간		실습지도자	
실습종결 평가일		실습지도교수	

1. 실습일정에 대한 평가

2. 실습내용 및 역할에 대한 평가

3. 실습목표에 대한 평가

1) 구체적이고 적절한 목표 설정 여부

2) 목표의 달성 여부

4. 서비스 실천과정에 대한 평가 / 정책 및 행정 실습에 대한 평가

1) 문제 파악 및 자료수집 능력 / 문제 인식 능력

2) 문제 사정 능력 / 문제 분석 능력

3) 개입 기술 / 문제해결을 위한 대안제시능력

4) 면접 기술 / 기존지식과 정보의 사용능력

5) 기록 기술 / 기록 기술

6) 클라이언트와의 전문적인 관계 형성 / 유관 기관 및 관련된 사람들과 전문적인 관계 형성

5. 실습생의 자원 활용에 대한 평가(인적·물적 자원)

1) 기관 외의 자원 활용

2) 실습과 관련된 참고서적의 활용

6. 실습에 임하는 자세에 대한 평가

1) 업무관리

(1) 시간 준수, 과제제출

(2) 주어진 일에 대한 업무조절 능력

2) 직원과의 관계(실습지도자, 타직원, 타 전문직 직원)

3) 다른 실습생과의 관계

4) 실습에 있어서의 적극성 및 자발성

7. 전문적 태도에 대한 평가

1) 사회복지사로서 실습생 자신의 장·단점에 대한 인식

2) 전문가로서 윤리 및 가치관의 이행

8. 실습지도 활용 정도에 대한 평가

1) 실습생 자신의 실습지도 활용정도에 대한 평가

(1) 기관 실습지도

(2) 대학 실습지도

2) 실습지도 자체에 대한 평가

(1) 기관 실습지도

(2) 대학 실습지도

9. 기관 이해도에 대한 평가

1) 실습생의 과업과 관련된 기관의 목적, 정책, 행정 절차에 대한 이해

2) 실습생으로서의 기관 내의 권한과 한계에 대한 인식

10. 실습 기간 중 가장 유익했던 내용

11. 실습기간 중 가장 안 좋았던 내용

12. 실습 기관, 실습 지도자, 대학에 대한 건의사항

13. 기타 하고 싶은 말

14. 실습지도자의 실습생 종결평가 기록(※실습지도자 작성)

1) 실습 진행 전반적인 사항

2) 기타 평가 사항

실습생 7 사례관리 계획서

사례관리 계획서

실습생명 :

클라이언트명		성 별		조사일	
주 소		전화번호		작성일	
직 업		학력		연령	
의뢰경위		경제상태	☐ 일반 ☐ 저소득 ☐ 수급자		

1. 일반적인 사항
   - 가족상황, 경제상황, 건강 상황, 일상생활 및 주거상황, 사회심리적 상황, 자원활용상황

2. 클라이언트에 관한 사항
   - 신체, 인지, 정서, 행동기능면 / 클라이언트의 강 · 약점

3. 욕구진술

4. 개입계획

욕구	결과목표	세부목표	표적체계	개입전략 및 수행방법	비고 (역할분담 등)

5. 서비스 일정표

날짜	담당	서비스 목표	서비스 내용	준비물	비고

실습생 8 사례관리 진행일지

사례관리 진행일지(　　　　회)

클라이언트명		실습생명	
일　　시		장　　소	

1. 목표 및 내용

결과목표	하위목표	서비스목표	서비스내용

2. 과정기록

3. 평가

1) 목표달성 및 서비스 평가

2) 클라이언트에 대한 평가

3) 사례개입에 대한 자신의 역할 평가

4. 계획

실습생 8 사례관리 진행일지

사례관리 진행일지(　　　　회)

클라이언트명		실습생명	
일　　시		장　　소	

1. 목표 및 내용

결과목표	하위목표	서비스목표	서비스내용

2. 과정기록

3. 평가

1) 목표달성 및 서비스 평가

2) 클라이언트에 대한 평가

3) 사례개입에 대한 자신의 역할 평가

4. 계획

실습생 8 사례관리 진행일지

사례관리 진행일지(　　　　회)

클라이언트명		실습생명	
일　　시		장　　소	

1. 목표 및 내용

결과목표	하위목표	서비스목표	서비스내용

2. 과정기록

3. 평가

1) 목표달성 및 서비스 평가

2) 클라이언트에 대한 평가

3) 사례개입에 대한 자신의 역할 평가

4. 계획

실습생 8 사례관리 진행일지

사례관리 진행일지(　　　　회)

클라이언트명		실습생명	
일　　시		장　　소	

1. 목표 및 내용

결과목표	하위목표	서비스목표	서비스내용

2. 과정기록

3. 평가
   1) 목표달성 및 서비스 평가

   2) 클라이언트에 대한 평가

   3) 사례개입에 대한 자신의 역할 평가

4. 계획

실습생 8 사례관리 진행일지

사례관리 진행일지(　　　　회)

클라이언트명		실습생명	
일　　시		장　　소	

1. 목표 및 내용

결과목표	하위목표	서비스목표	서비스내용

2. 과정기록

3. 평가

1) 목표달성 및 서비스 평가

2) 클라이언트에 대한 평가

3) 사례개입에 대한 자신의 역할 평가

4. 계획

실습생 9 사례관리 종결기록서

사례관리 종결기록서

클라이언트명	
실습생명	
서비스제공기간	

1. 제공된 서비스

2. 사례관리 목표 달성정도

3. 사후지도 계획

실습생 10 집단지도 계획서(소집단용)

집단지도 계획서(소집단용)

집 단 명		집단지도자(실습생)명	
대 상		성원 수	
기 간		장 소	

1. 실시 배경

2. 목적

3. 목표

결과목표 1		결과목표 2	
하위목표 1-1		하위목표 2-1	
하위목표 1-2		하위목표 2-2	

4. 목표관련 지도 내용 및 구체적 수행방법

결과목표	하위목표	지도 내용	수행방법	비 고

5. 평가계획

평가지표	
평가도구	
평가방법	

6. 회기별 일정표

횟수	일시	목표	내용	준비물

실습생 11 집단과정 일지(소집단용)

집단과정 일지(소집단용) (　　　회)

집단지도자(실습생)명		집단명	
집단진행 날짜		집단 활동 장소	
참석자(　　명) 명단			
결석자(　　명) 명단			

1. 목표 및 세부목표

1. 목표

2. 세부목표
 1)
 2)

2. 집단진행요약

시간	프로그램 내용	사회복지사의 역할

3. 과정 기록

1) 모임 전 단계(자리 위치 표시)

2) 모임 단계

3) 모임 후 단계

4. 평가

1) 목표 달성 및 프로그램 평가

2) 집단의 역동성(성원-성원, 성원-지도자)

3) 성원의 개별 평가(개인의 변화, 참여도, 지도자·타 회원과의 관계)

4) 지도자 자신에 대한 평가(역할 및 의도적 개입)

5. 다음 집단모임 계획

실습생 11 집단과정 일지(소집단용)

집단과정 일지(소집단용) (회)

집단지도자(실습생)명		집단명	
집단진행 날짜		집단 활동 장소	
참석자(명) 명단			
결석자(명) 명단			

1. 목표 및 세부목표

1. 목표 2. 세부목표 1) 2)

2. 집단진행요약

시간	프로그램 내용	사회복지사의 역할

3. 과정 기록

1) 모임 전 단계(자리 위치 표시)

2) 모임 단계

3) 모임 후 단계

4. 평가

1) 목표 달성 및 프로그램 평가

2) 집단의 역동성(성원-성원, 성원-지도자)

3) 성원의 개별 평가(개인의 변화, 참여도, 지도자·타 회원과의 관계)

4) 지도자 자신에 대한 평가(역할 및 의도적 개입)

5. 다음 집단모임 계획

실습생 11 집단과정 일지(소집단용)

집단과정 일지(소집단용) (회)

집단지도자(실습생)명		집단명	
집단진행 날짜		집단 활동 장소	
참석자(명) 명단			
결석자(명) 명단			

1. 목표 및 세부목표

1. 목표

2. 세부목표
 1)
 2)

2. 집단진행요약

시간	프로그램 내용	사회복지사의 역할

3. 과정 기록

1) 모임 전 단계(자리 위치 표시)

2) 모임 단계

3) 모임 후 단계

4. 평가

1) 목표 달성 및 프로그램 평가

2) 집단의 역동성(성원-성원, 성원-지도자)

3) 성원의 개별 평가(개인의 변화, 참여도, 지도자·타 회원과의 관계)

4) 지도자 자신에 대한 평가(역할 및 의도적 개입)

5. 다음 집단모임 계획

실습생 11 집단과정 일지(소집단용)

집단과정 일지(소집단용) (회)

집단지도자(실습생)명		집단명	
집단진행 날짜		집단 활동 장소	
참석자(명) 명단			
결석자(명) 명단			

1. 목표 및 세부목표

1. 목표

2. 세부목표
 1)
 2)

2. 집단진행요약

시간	프로그램 내용	사회복지사의 역할

3. 과정 기록
 1) 모임 전 단계(자리 위치 표시)

 2) 모임 단계

 3) 모임 후 단계

4. 평가

1) 목표 달성 및 프로그램 평가

2) 집단의 역동성(성원-성원, 성원-지도자)

3) 성원의 개별 평가(개인의 변화, 참여도, 지도자·타 회원과의 관계)

4) 지도자 자신에 대한 평가(역할 및 의도적 개입)

5. 다음 집단모임 계획

실습생 11 집단과정 일지(소집단용)

집단과정 일지(소집단용) (　　　회)

집단지도자(실습생)명		집단명	
집단진행 날짜		집단 활동 장소	
참석자(　　명) 명단			
결석자(　　명) 명단			

1. 목표 및 세부목표

1. 목표 2. 세부목표 1) 2)

2. 집단진행요약

시간	프로그램 내용	사회복지사의 역할

3. 과정 기록

1) 모임 전 단계(자리 위치 표시)

2) 모임 단계

3) 모임 후 단계

4. 평가

1) 목표 달성 및 프로그램 평가

2) 집단의 역동성(성원-성원, 성원-지도자)

3) 성원의 개별 평가(개인의 변화, 참여도, 지도자·타 회원과의 관계)

4) 지도자 자신에 대한 평가(역할 및 의도적 개입)

5. 다음 집단모임 계획

실습생 11 집단의 개별회원 분석표(소집단용)

집단의 개별회원 분석표[1](소집단용)

회원명		집단명	
회원 수		집단지도자(실습생)	

집단의 목표	
개인의 목표	

회기	날짜	참석여부 / 참석인원	개인의 변화정도 및 내용	참여도	지도자와의 관계	타 회원과의 관계
1		/				
2		/				
3		/				
4		/				
5		/				
6		/				
7		/				

〈 종합평가 〉

1) 모든 집단지도 상황에서 활용되어야 하는 것은 아니며, 집단과정에서 개인의 변화를 민감하게 기록할 필요가 있을 경우에 활용할 수 있음.

실습생 13 집단 종결 기록서(소집단용)

집단 종결 기록서(소집단용)

집단명		집단지도자(실습생)명	
집단진행 날짜		집단 활동 장소	
전체진행 회기 수		출석률	
주요 진행사항			

1. 회원의 평가
  1) 운영면
    (1) 프로그램 진행평가
    (2) 집단 참여 태도
  2) 프로그램 내용
  3) 목표달성
  4) 다음 프로그램에 대한 의견
  5) 지도자에 대한 평가

2. 지도자(실습생)의 평가
  1) 집단의 특징
  2) 회원의 참여도
  3) 집단성원에 대한 개별화의 정도
  4) 집단역동의 활용정도
  5) 집단에 대한 발달단계분석

구분	초기	중기	말기
참여도			
개인의 변화			
지도자와의 관계			
타 회원과의 관계			
기타(　　　　)			
기타(　　　　)			

실습생 14 프로그램 계획서

프로그램 계획서

프로그램명		지도자(실습생)명	
대 상		참여자 수	
기 간		장 소	

1. 프로그램 실시 배경

2. 프로그램 목적

3. 프로그램 목표

결과목표 1		결과목표 2	
하위목표 1-1		하위목표 2-1	
하위목표 1-2		하위목표 2-2	

4. 목표관련 지도 내용 및 구체적 수행방법

결과목표	하위목표	지도 내용	수행방법	비 고

5. 평가계획

평가지표	
평가도구	
평가방법	

6. 회기별 일정표(일지 뒷면 추가자료 첨부 가능)

횟수	일시	목표	내용	준비물

7. 예산

실습생 15 프로그램 평가서

프로그램 평가서

프로그램명		지도자(실습생)명	
대 상		참여자 수	
기 간		장 소	

1. 프로그램 목적 및 목표달성 평가

결과목표	하위목표	달성 정도	평가 근거	의의

2. 프로그램 과정 평가

1) 준비과정

2) 진행과정

3) 종결 및 정리과정

3. 프로그램 만족도 평가

4. 예산평가

5. 추후 프로그램을 위한 제언

실습생 16 사회복지정책 분석 보고서(정책개발 및 평가)

사회복지정책 분석 보고서

ㅇ 분석자(실습생)명 :

정 책 명	
관련법규/지침	
주무부서	

1. 문제제기 및 분석목적

2. 분석한 정책의 주요 내용

3. 자료수집 및 분석방법

4. 분석결과 논의

1) 정책목표분석

2) 정책이 추구하는 가치 분석

3) 급여대상 분석

4) 급여의 적절성 분석

5) 급여의 전달체계 분석

6) 재정 분석

5. 관련정책과 관련한 주요 이해당사자의 입장 분석

6. 분석한 정책의 개선방향 및 전망

7. 총평

실습생 17 사회행동, 옹호활동 보고서(사회행동)

사회행동, 옹호활동 보고서

ㅇ 분석자(실습생)명 :

구분	요약 제시
사회행동명	
활동 목적	
참여자	
대상 집단	
옹호 대상	

1. 문제제기 및 활동목적

2. 참여자의 특성

3. 대상 집단의 특성

4. 옹호집단의 특성

5. 주요활동경과

6. 활동전략분석

1) 대상 집단을 이기기 위한 힘을 얻기 위한 전략

2) 합법성을 확보하기 위한 전략 (법적행동 포함)

3) 타조직과 협력하는 전략

4) 전술을 연결시키는 전략

5) 협상을 전개하는 전략

6) 홍보 및 언론활용 전략

7. 향후 행동 전략 제안

실습생 18 홍보 기획서

사회복지기관(사업) 홍보 기획서

ㅇ 기획자(실습생)명 :

1. 상품(홍보하려는 기관이나 사업)의 특성 분석(상품의 내용, 경쟁기관이나 사업의 존재여부 등)

2. 유치하려는 소비자 집단의 특성별 구분

3. 대상별 소비자에게 호소하기 위한 전략(담당, 장소, 방법 등을 일목요연하고 자세히 제시)

4. 홍보일정

5. 홍보예산

6. 첨부(보도 자료, 광고전단, 안내지 자료, 홈페이지 자료 등)

실습생 19 개별 면접 일지

개별 면접 일지(　　　　회)

실습생명		면접날짜와 시간	
클라이언트		면접 장소	

1. 면접 준비과정

2. 면접목표

1) 2)

3. 과정기록 및 분석

면접내용	실습생 분석	실습지도 내용

* 주요한 면접장면에 대해서는 대화체의 기록을 직접 인용하는 것이 권장됨.
* 면접자의 의도적인 개입, 언어적・비언어적 의사소통 모두에 주의하여 기록할 것.
* 상기 내용이 포함된다면, 기관 상황과 면접 상황에 맞추어 별도 양식 활용 가능.

4. 면접목표 달성에 대한 평가

5. 실습생 의견

6. 다음 면접 계획

실습생 19 개별 면접 일지

개별 면접 일지(회)

실습생명		면접날짜와 시간	
클라이언트		면접 장소	

1. 면접 준비과정

2. 면접목표

1) 2)

3. 과정기록 및 분석

면접내용	실습생 분석	실습지도 내용

* 주요한 면접장면에 대해서는 대화체의 기록을 직접 인용하는 것이 권장됨.
* 면접자의 의도적인 개입, 언어적·비언어적 의사소통 모두에 주의하여 기록할 것.
* 상기 내용이 포함된다면, 기관 상황과 면접 상황에 맞추어 별도 양식 활용 가능.

4. 면접목표 달성에 대한 평가

5. 실습생 의견

6. 다음 면접 계획

실습생 19 개별 면접 일지

개별 면접 일지(　　　회)

실습생명		면접날짜와 시간	
클라이언트		면접 장소	

1. 면접 준비과정

2. 면접목표

1) 2)

3. 과정기록 및 분석

면접내용	실습생 분석	실습지도 내용

* 주요한 면접장면에 대해서는 대화체의 기록을 직접 인용하는 것이 권장됨.
* 면접자의 의도적인 개입, 언어적·비언어적 의사소통 모두에 주의하여 기록할 것.
* 상기 내용이 포함된다면, 기관 상황과 면접 상황에 맞추어 별도 양식 활용 가능.

4. 면접목표 달성에 대한 평가

5. 실습생 의견

6. 다음 면접 계획

실습생 19 개별 면접 일지

개별 면접 일지(　　　　회)

실습생명		면접날짜와 시간	
클라이언트		면접 장소	

1. 면접 준비과정

2. 면접목표

1) 2)

3. 과정기록 및 분석

면접내용	실습생 분석	실습지도 내용

* 주요한 면접장면에 대해서는 대화체의 기록을 직접 인용하는 것이 권장됨.
* 면접자의 의도적인 개입, 언어적·비언어적 의사소통 모두에 주의하여 기록할 것.
* 상기 내용이 포함된다면, 기관 상황과 면접 상황에 맞추어 별도 양식 활용 가능.

4. 면접목표 달성에 대한 평가

5. 실습생 의견

6. 다음 면접 계획

실습생 19 개별 면접 일지

개별 면접 일지(　　　회)

실습생명		면접날짜와 시간	
클라이언트		면접 장소	

1. 면접 준비과정

2. 면접목표

1) 2)

3. 과정기록 및 분석

면접내용	실습생 분석	실습지도 내용

* 주요한 면접장면에 대해서는 대화체의 기록을 직접 인용하는 것이 권장됨.
* 면접자의 의도적인 개입, 언어적·비언어적 의사소통 모두에 주의하여 기록할 것.
* 상기 내용이 포함된다면, 기관 상황과 면접 상황에 맞추어 별도 양식 활용 가능.

4. 면접목표 달성에 대한 평가

5. 실습생 의견

6. 다음 면접 계획

실습생 20 가족상담 기록서

가족상담 기록서

클라이언트 (IP)		성별		연령	
날짜		장소		총 회수 / 시간	
실습생명				실습지도자	

1. 의뢰과정

2. 문제 상황에 대한 가족의 정의

3. 가계도

4. 가족생태도 : 가족의 하위체계 간 관계 등 기록

5. 가족의 사회자원망

6. 가족생활주기

7. 가족사정 및 이론적 근거

8. 개입 목표와 개입 전략

9. 개입 내용 정리

회기	내용	주요 질문과 내담자의 반응

10. 평가 및 사후관리계획

실습생 21 사회조사 계획서

사회조사 계획서

조 사 주 제	
조사 / 분석일	
조사자(실습생)명	

1. 문제제기 및 조사문제의 제시
 1) 문제의 기술

 2) 검토될 조사문제에 대한 진술

 3) 문제의 중요성과 조사 필요성 제시

2. 조사와 관련한 문헌자료 검토
 1) 이론적 역사적 관점

 2) 문헌에서 파악된 차이점들 검토

3. 조사방법 제시

1) 조사 설계와 자료수집절차

2) 표집설계

3) 대상에 대한 기술

4) 측정방법 기술

5) 자료 분석 절차

4. 예산

5. 기타 필요한 사항

6. 부록 (관련 참고문헌, 설문지 등 필요한 자료를 첨부할 수 있음)

실습생 22 사회조사 진행일지

사회조사 진행일지(　　　　회)

조 사 주 제	
진 행 일	
조사자(실습생)명	

1. 조사 진행 단계 기록

2. 조사과정에서 보완되어야 할 사항 기록

3. 추후 조사 진행 계획

실습생 22 사회조사 진행일지

사회조사 진행일지(　　　회)

조 사 주 제	
진 행 일	
조사자(실습생)명	

1. 조사 진행 단계 기록

2. 조사과정에서 보완되어야 할 사항 기록

3. 추후 조사 진행 계획

실습생 22 사회조사 진행일지

사회조사 진행일지(회)

조 사 주 제	
진 행 일	
조사자(실습생)명	

1. 조사 진행 단계 기록

2. 조사과정에서 보완되어야 할 사항 기록

3. 추후 조사 진행 계획

실습생 22 사회조사 진행일지

사회조사 진행일지(　　　　회)

조 사 주 제	
진 행 일	
조사자(실습생)명	

1. 조사 진행 단계 기록

2. 조사과정에서 보완되어야 할 사항 기록

3. 추후 조사 진행 계획

실습생 22 사회조사 진행일지

사회조사 진행일지(　　　　회)

조 사 주 제	
진 행 일	
조사자(실습생)명	

1. 조사 진행 단계 기록

2. 조사과정에서 보완되어야 할 사항 기록

3. 추후 조사 진행 계획

실습생 23 사회조사 분석평가서

사회조사 분석 평가서

조 사 주 제	
진 행 일	
조사자(실습생)명	

1. 문제제기 및 조사문제의 제시

1) 문제의 기술

2) 검토될 조사문제에 대한 진술

3) 문제의 중요성과 조사 필요성 제시

2. 조사와 관련한 문헌자료 검토

1) 이론적 역사적 관점

2) 문헌에서 파악된 차이점들 검토

3. 조사방법 제시

1) 조사 설계와 자료수집절차

2) 표집설계

3) 대상에 대한 기술

4) 측정방법 기술

5) 자료 분석 절차

4. 조사결과 제시

1) 기술적 분석

2) 인과적 분석

5. 논의점

1) 밝혀진 사항에 대한 설명

2) 실천에의 함의

3) 평가의 한계와 약점

6. 참고문헌

7. 부록 (설문지 외 조사와 관련된 주요자료 첨부)

실습생 24 기관방문분석 보고서

기관방문분석 보고서

* 특정 분야나 내용에 관심을 가지고 방문을 추진한 경우에는 별도의 양식을 활용하거나, 특정 내용만 선택하여 기록할 수 있습니다.

실습생명		방문기관명	
기관소재지	(전화 :)		

1. 기관방문 목적

2. 기관방문을 위한 질의사항 및 응답 정리

3. 기관방문을 통해 알게 된 지식

1) 기관의 역사

(1) 기관 설립동기 및 설립목적

(2) 기관 사업의 역사적 변천

(3) 기관 역사에 대한 실습생의 평가

2) 기관의 목적

3) 기관의 주요사업 및 프로그램

(1) 클라이언트 및 대상 지역

(2) 주요사업

(3) 서비스 전달체계

(4) 기관의 대상층 및 주요사업에 대한 실습생의 평가

4) 기관의 행정사항

(1) 기관의 조직구조

(2) 예산, 후원 및 지원 사항

(3) 기관의 행정구조와 예산 사용 및 후원에 대한 실습생의 평가

5) 기관이 속한 지역사회, 물리적 환경의 특징

(1) 지역사회

(2) 물리적 환경(시설, 공간 등)

6) 사회복지기관으로서 지역 내 타 기관들과의 연계

(1) 관계유형 및 내용

(2) 기관의 타 기관과의 관계유지에 대한 실습생의 평가

7) 기관의 특별한 면이나 전반적인 사항에 대한 인상이나 느낌

실습생 25 지역탐방 보고서

지역탐방보고서

ㅇ 조사자(실습생)명 : ㅇ 지역소개자 :

1. 탐방지역

2. 지역의 주요 사회지표 제시

3. 지역의 인구사회학적 특성

4. 지역의 사회경제학적 특성

5. 지역의 사회복지기관 및 자원 탐색

6. 필요하거나 보완되어야 할 사회복지서비스 제안

7. 결론

8. 첨부 (관련 지도를 비롯한 탐방보고서 작성에 참조한 자료를 첨부할 수 있음)

06 실습기관에서 학교로 보내는 서류

실습기관 6 실습평가서(교육기관 발송용)

실 습 평 가 서

기 관 명		실습지도자	
실습기간		실습지도교수	
실 습 생		평 가 일 시	

※ 출석상황

☐ 무단결석 없음 ☐ 무단결석 1회 ☐ 무단결석 2회 ☐ 무단결석 3회 이상

※ 다음은 실습생에 관한 평가입니다. 실습생이 실습지도 기간 동안 보여주었던 태도와 행동을 기준으로 아래 항목에 솔직하게 평가해주기 바랍니다. 실습내용에 포함되어 있는 사항에 관해서만 평가하여 주시고, 평균에는 평가항목 총점을 평가항목 개수로 나눈 점수를 기입하면 됩니다.(1점 : 매우 그렇지 못하다. ~ **5점 : 매우 그렇다.**)

항목	내용	1	2	3	4	5
실습 지도에 대한 태도	1. 실습지도 시간을 엄수한다.					
	2. 적극적이고 긍정적인 자세로 실습지도에 참여한다.					
	3. 실습지도에서 지적된 내용을 수용한다.					
	4. 배우는 입장에서 진지하게 노력하고 발전하려는 태도를 갖는다.					
	5. 실습지도자와 실습생으로서 공식적 관계를 형성한다.					
기관 이해 및 관계 유지	6. 동료실습생과 긍정적이고 원만한 협력 관계를 유지한다.					
	7. 기관의 목적, 정책, 규칙, 사업내용을 이해한다.					
	8. 기관 내에서 실습생으로서의 권한과 한계를 알고 일한다.					
	9. 기관 내 타직원과 협조적인 대인관계를 형성, 유지하여 업무를 처리한다.					
기본적 태도와 자질	10. 일의 우선순위를 결정하는 능력이 있다.					
	11. 할당된 시간 안에 일을 계획하고 수행한다.					
	12. 자신의 장점과 단점을 잘 인식하고 대응한다.					
	13. 사회복지실천 지식을 실습내용에 적용한다.					

	14. 사회복지실천의 가치와 윤리를 갖고 임한다.					
	15. 전문가로서의 편견, 선입견, 고정관념을 인식하고 객관성을 유지한다.					
	16. 실습지도 내용을 실행에 옮긴다.					
	17. 실습과정을 책임감 있게 수행한다.					
기 록	18. 기록, 보고서 등을 정해진 일시에 제출한다.					
	19. 실습내용을 사실에 근거하여 정확하게 기록한다.					
	20. 실습내용을 체계적이고 구체적으로 기록한다.					
	21. 클라이언트와의 상호작용 및 실습생의 사고와 감정을 기록한다.					
	22. 실습지도를 통해 지적된 사항 및 배운 것을 정확히 기록한다.					
전문적 태도와 관계 형성	23. 클라이언트와 전문적 관계를 형성하고 활용한다.					
	24. 전문적 관계형성에서 동정과 감정이입을 구별하여 적용한다.					
	25. 주변의 자원을 파악하고 그것을 활용하려고 노력한다.					
	26. 비심판적이며 경청과 수용의 태도를 갖는다.					
	27. 클라이언트의 능력과 동기의 한계를 수용한다.					
	28. 실습지도자가 지시한 것을 잘 파악하여 실행에 옮긴다.					
개인에 대한 개입	29. 클라이언트가 표현한 의사소통과 암시적인 의사소통을 이해한다.					
	30. 실습생이 의도한 바를 클라이언트에게 명확하게 전달한다.					
	31. 클라이언트의 문제와 상황에 관련된 정확한 자료를 수집한다.					
	32. 수집된 자료를 체계적으로 종합하고 이론에 기초하여 사정한다.					
	33. 클라이언트 가족 등 주변의 지지자원을 활용한다.					
	34. 클라이언트와 환경의 상호역동성의 이해아래 개입목표와 전략을 수립한다.					
	35. 개입목표에 따라 클라이언트의 긍정적인 변화를 유도한다.					
가족에 대한 개입	36. 가족의 역동성을 파악하고 가족상황에 관련된 정확한 자료를 수집한다.					
	37. 가족의 구조를 명확히 이해하여 필요한 가족개입의 기술을 활용한다.					
	38. 가족의 상호역동성의 이해아래 개입목표와 전략을 수립한다.					
	39. 가족 구성원을 개별화하고 성원들이 긍정적으로 변화하도록 유도한다.					
집단에 대한 개입	40. 집단 역동을 파악하여 의미 있는 개입으로 집단을 지도한다.					
	41. 집단에서 주 진행자와 보조진행자의 의미와 역할을 알고 실천한다.					
	42. 집단의 구조를 명확히 하고 필요한 집단지도의 기술을 활용한다.					
	43. 집단 성원을 개별화하고 성원간 의미 있는 관계를 형성하도록 한다.					
	44. 집단의 목적에 대해 정확히 사정한다.					
	45. 정확한 사정에 입각하여 적절한 프로그램을 계획하고 실행한다.					
	46. 집단의 상호작용이 목적 지향적이고 성원들이 긍정적으로 변화하도록 한다.					
지역 사회에 대한 개입	47. 지역주민들이 지역사회의 요구와 문제를 파악하도록 돕는다.					
	48. 파악된 지역사회요구를 사회행동으로 계획하고 실행한다.					
	49. 지역사회구조와 권력에 대해 이해하고 그 지역사회 상황을 정확히 파악한다.					
	50. 지역사회자원을 정확히 파악하고 접근한다.					
정책 및 행정 분야	51. 정책형성 및 개선과 관련된 이해집단들의 문제 상황 및 요구와 정책 발의자들 및 집행자들의 이해관계를 정확하고 객관적으로 이해한다.					
	52. 정책형성 및 개선과 관련된 이해집단과 건설적이고 전문적인 관계를 맺는다.					
	53. 문제 상황에 적합한 정책대안을 개발하는데 적극적으로 참여한다.					

	54. 기본정보를 정확히 사용하며 실증적인 자료 분석의 지식을 갖고 문제를 분석한다.					
	55. 사회복지행정체계 및 전달체계에 대해 정확하게 이해한다.					
기관 고유 항목*	56.					
	57.					
	58.					
	59.					
	60.					
총 평	(※ 실습생의 실천가로서의 장단점 및 대학에 대한 건의)					
평가문항 개수		총점				
평균 (총점 ÷ 평가문항개수)	※ 반올림 없이 소숫점 둘째자리까지만 기록 ※					

※ 기관 고유 항목에는 기관의 특성과 실습상황에 맞는 평가항목을 실습지도자가 추가적으로 직접 기입하고 평가할 수 있습니다.

※ 작성내용의 수정은 꼭 실습지도자의 확인 도장을 찍어주셔야 합니다.

실습지도자 : 인

기 관 장 : 직인

실습생 4 사회복지현장실습확인서(본인보관용)

※ 실습생은 졸업 후 사회복지사 자격증 신청 시 성적증명서와 함께 제출해야 함.

〈2021.04.15.개정〉

사회복지 현장실습 확인서

[ ]신규발급, [ ]재발급 (앞쪽)

실 습 생 인적사항	성 명		생년월일	※「주민등록번호」 앞자리 6자리를 기재 바랍니다
	휴대전화번호		학 교 명	※ 현재 소속중인 학교명을 기재 바랍니다.
실습기관 및 실습지도자	실습기관명		실습기관 관리번호	※ 실습기관 선정 시 부여된 등록번호 기재
	기관 주소	※「도로명 주소」로 기입해 주세요	전화번호	
	실습 지도자명	※ 실습생의 실습을 지도한 지도자명 기재	사회복지사자격번호 (취득일자)	제 - 호 (. . .)
실습기간	실습 기간	20 년 월 일 ~ 20 년 월 일		
	실습 시간	총 시간 (총 회, 1일 평균 시간)		

실습기관은 「사회복지사업법 시행규칙」 제3조 [별표1]의 규정에 따라 자격요건을 갖춘 실습기관과 실습지도자에 의해 기관실습을 진행하였으며, 상기 실습생이 위와 같이 기관실습을 하였음을 확인합니다.

20 년 월 일

기관실습 지도자 :	(서명 또는 인)	기관실습 실시기관 :	(직인)

교육기관 및 세미나교수	교육기관 유형	[ ]오프라인 / [ ]온라인	교육기관명	※ 실습세미나 교육기관명을 기재 바랍니다.
	실습세미나 교수명		학 과 명	
	실습세미나 교수 취득학위 (사회복지학 또는 사회사업학)	[ ]학사, [ ]석사, [ ]박사	교육기관 전화번호	
실습세미나	실습세미나 기간	20 년 월 일 ~ 20 년 월 일		
	실습세미나 횟수(시간)	총 회 (시간)	대면방식 세미나 횟수 (시간)	총 회 (시간)

교육기관은 「사회복지사업법 시행규칙」 제3조 [별표1]의 규정에 따라 자격요건을 갖춘 실습세미나 지도교수에 의해 실습세미나를 진행하였으며, 상기 실습생은 위와 같이 실습세미나를 이수하였음을 확인합니다.

20 년 월 일

실습세미나 교수 :	(서명 또는 인)	학 과 장 :	(직인)

한국사회복지사협회장 귀하

재발급 사유	※ 사회복지 현장실습 확인서 재발급 시 재발급 사유 기재 바랍니다.

[사회복지현장실습에 관한 기준] – 사회복지사업법 시행규칙[별표1] 사회복지관련 교과목 (제3조 관련)

① **기관실습 실시기관** : 보건복지부장관으로부터 선정된 사회복지사업을 수행하는 기관, 법인, 시설 또는 단체

② **기관실습 지도자** : 사회복지사 1급 자격증을 취득한 이후 3년 이상 또는 사회복지사 2급 자격증을 취득한 이후 5년 이상 사회복지사업의 실무경험이 있는 자로 기관실습이 실시되는 연도의 전년도에 8시간 이상의 보수교육을 받은 자

③ **기관실습 시간** : 160시간 이상으로 한다.(단, 시행일 2020.1.1. 기준일 2019.12.31. 사회복지학 전공교과목과 사회복지관련 교과목의 전부 또는 일부 이수하였거나 수강하고 있는 사람은 120시간 이상)

④ **실습세미나** : 1회당 2시간 이상의 실습세미나를 총 15회 이상 실시하며, 정보통신망을 이용한 온라인 교육을 실시하는 교육기관의 실습세미나에는 대면 방식의 세미나가 총 3회 이상 포함되어야 하며, 한 세미나에 참여하는 학생 수는 30명 이내일 것

⑤ **실습세미나 교수** : 학사, 석사 또는 박사 학위 중 2개 이상의 학위를 사회복지학 또는 사회사업학 전공으로 취득한 사람으로서 3년 이상의 사회복지학 교육경험 또는 3년 이상의 사회복지사업 실무경험이 있는 교수가 지도할 것

※ 법령이 정한 상기 기준은 모두 충족해야 하며, 미충족시 사회복지사자격증을 교부할 수 없습니다.

(뒤쪽)

[사회복지 현장실습 확인서 작성 방법]

[주의 사항]

○ 실습확인서에 기재할 내용은 정자로 기재 하거나 전자문서로 작성 가능합니다. 다만 전자문서로 작성 시 서명란은 직접 작성하여야 하며, 서명, 직인란에 전자파일의 삽입은 불가합니다.

○ 실습확인서 최초 발급 시 신규발급란에 체크하고, 재발급 시 재발급란에 체크 및 재발급 사유란에 사유를 작성합니다.

○ 사회복지현장실습 확인서는 원본을 원칙으로 하며, 자격증 신청 시 원본으로 제출하여야 합니다. (사본 제출 불가)

※ 사회복지 현장실습 확인서 내용을 허위 기재 및 위변조 시 이로 인해 발급된 사회복지사 자격은 취소될 수 있으며, 법적 제재를 받을 수 있습니다.

※ 사회복지현장실습 확인서는 자격증 신청 시 원본으로 제출되는 서류로 원본 관리에 유념하여야 합니다.

[실습생 인적사항]

○ 실습생 성명은 주민등록증에 등록된 이름으로 기재하며, 외국인의 경우 외국인등록증에 등록된 영문명으로 기재 하여야 합니다.

○ 실습생의 생년월일은 주민등록번호 앞 6자리를 기재하여야 합니다.

○ 실습생 휴대전화번호는 연락 가능한 번호를 기재하여야 합니다.

○ 실습생의 교육기관명은 실습생의 실습 진행 당시 소속 중인 교육기관명을 기재 하여야 합니다.

[실습기관 및 실습지도자 인적사항]

○ 실습기관명은 실습기관으로 선정 시 등록된 기관명으로 기재 하여야 하며, 기관명을 약칭으로 기재가 불가합니다.

○ 실습기관 관리번호는 실습기관으로 선정 시 부여된 '실습기관 관리번호'를 기재하시기 바랍니다. (사업자등록번호 및 기타 시설신고증 번호 기재불가)

○ 기관주소는 도로명 주소로 기재 바라며, 전화번호는 연락 가능한 실습기관 전화번호를 기재 바랍니다.

○ 기관실습 지도자명에는 실습지도자로 등록된 지도자 중 실습생을 실제로 지도한 실습지도자를 기재 바랍니다.

○ 사회복지사 자격번호는 실습 지도한 실습지도자의 사회복지사 자격번호 (사회복지사 자격증 좌측 상단에 표시된 번호)를 기재하며, 취득 일자는 사회복지사 자격증에 기재된 발급 일자를 기재 바랍니다.

[실습기간 및 실습시간]

○ 실습기간은 실제 진행된 실습 기간 중 최초 시작일과 종료일을 기재 바랍니다. (실습기관별로 실습 O.T 등 실습시간에 포함되지 않는 기간은 기재하지 않아도 됨)

○ 실습시간은 총 실습시간과 횟수, 1일 평균 시간을 기재 바랍니다. (1일 4시간 이상 8시간 이하로 실습이 진행되어야 합니다.)

[실습세미나]

○ 학교 유형을 체크해 주시기 바랍니다. (오프라인, 온라인 구분하여 체크)

○ 학교명은 현재 실습세미나를 운영하고 있는 학교명을 기재 바랍니다.

○ 실습세미나 교수의 사회복지학 또는 사회사업학 학위 취득상황을 체크해 주시기 바랍니다. (학사, 석사, 박사 학위 중 2개 이상 학위를 사회복지학 또는 사회사업학으로 취득하여야 함)

○ 실습세미나 교육기간 및 교육 횟수, 운영 시간을 기재 바랍니다. (온라인 교육기관의 경우 대면 세미나를 주1회씩 총 3회 이상 진행하여야 함.)

[서명 및 직인]

○ 기관실습지도자, 실습세미나 교수는 서명 또는 도장을 찍어야 합니다. 서명의 경우 직접 작성을 원칙으로 하며, 도장 또는 서명을 전자 파일 형태로 삽입은 불가합니다.

○ 사회복지현장실습 확인서 재발급 시 실습지도자 및 실습세미나 교수 퇴사 등으로 직접 서명이 불가할 경우 실습기관장, 학과장의 이름 기재 후 재발급에 따른 대리 서명 사유와 실습기관장 또는 학과장 직인을 찍어 제출이 가능합니다. 이 경우 상단 재발급 표기란에 체크 바랍니다.

○ 기관실습 실시기관, 학과장의 경우 직인을 찍어야 하며, 전자 파일 형태로 삽입은 불가합니다.

○ 기관실습 확인 일자는 실습을 진행한 기간 보다 앞서 일자 기재가 불가하며, 실습세미나 확인 일자는 실습세미나 교육 기간보다 앞서 기재가 불가합니다.

[사회복지 현장실습 확인서 발급 절차]

기관실습 ➜ 사회복지현장실습확인서 발급 (실습지도자 서명 및 기관확인) ➜ 실습세미나 ➜ 실습세미나 확인 (실습지도교수 서명 및 학과장 확인) ➜ 실습확인서 제출 (자격증 신청시 원본 제출)

실습생 4 사회복지현장실습확인서(학교제출용)

※ 실습생은 졸업 후 사회복지사 자격증 신청 시 성적증명서와 함께 제출해야 함.

〈2021.04.15.개정〉

사회복지 현장실습 확인서

[ ]신규발급, [ ]재발급 (앞쪽)

구분	항목	내용	항목	내용
실습생 인적사항	성명		생년월일	※「주민등록번호」 앞자리 6자리를 기재 바랍니다
	휴대전화번호		학교명	※ 현재 소속중인 학교명을 기재 바랍니다.
실습기관 및 실습지도자	실습기관명		실습기관 관리번호	※ 실습기관 선정 시 부여된 등록번호 기재
	기관 주소	※「도로명 주소」로 기입해 주세요	전화번호	
	실습 지도자명	※ 실습생의 실습을 지도한 지도자명 기재	사회복지사자격번호 (취득일자)	제 - 호 (. . .)
실습기간	실습 기간	20 년 월 일 ~ 20 년 월 일		
	실습 시간	총 시간 (총 회, 1일 평균 시간)		

실습기관은 「사회복지사업법 시행규칙」 제3조 [별표1]의 규정에 따라 자격요건을 갖춘 실습기관과 실습지도자에 의해 기관실습을 진행하였으며, 상기 실습생이 위와 같이 기관실습을 하였음을 확인합니다.

20 년 월 일

기관실습 지도자 : (서명 또는 인)	기관실습 실시기관 : (직인)

구분	항목	내용	항목	내용
교육기관 및 세미나교수	교육기관 유형	[ ]오프라인 / [ ]온라인	교육기관명	※ 실습세미나 교육기관명을 기재 바랍니다.
	실습세미나 교수명		학과명	
	실습세미나 교수 취득학위 (사회복지학 또는 사회사업학)	[ ]학사, [ ]석사, [ ]박사	교육기관 전화번호	
실습세미나	실습세미나 기간	20 년 월 일 ~ 20 년 월 일		
	실습세미나 횟수(시간)	총 회 (시간)	대면방식 세미나 횟수 (시간)	총 회 (시간)

교육기관은 「사회복지사업법 시행규칙」 제3조 [별표1]의 규정에 따라 자격요건을 갖춘 실습세미나 지도교수에 의해 실습세미나를 진행하였으며, 상기 실습생은 위와 같이 실습세미나를 이수하였음을 확인합니다.

20 년 월 일

실습세미나 교수 : (서명 또는 인)	학 과 장 : (직인)

한국사회복지사협회장 귀하

재발급 사유	※ 사회복지 현장실습 확인서 재발급 시 재발급 사유 기재 바랍니다.

[사회복지현장실습에 관한 기준] – 사회복지사업법 시행규칙[별표1] 사회복지관련 교과목 (제3조 관련)

① **기관실습 실시기관** : 보건복지부장관으로부터 선정된 사회복지사업을 수행하는 기관, 법인, 시설 또는 단체

② **기관실습 지도자** : 사회복지사 1급 자격증을 취득한 이후 3년 이상 또는 사회복지사 2급 자격증을 취득한 이후 5년 이상 사회복지사업의 실무경험이 있는 자로 기관실습이 실시되는 연도의 전년도에 8시간 이상의 보수교육을 받은 자

③ **기관실습 시간** : 160시간 이상으로 한다.(단, 시행일 2020.1.1. 기준일 2019.12.31. 사회복지학 전공교과목과 사회복지관련 교과목의 전부 또는 일부 이수하였거나 수강하고 있는 사람은 120시간 이상)

④ **실습세미나** : 1회당 2시간 이상의 실습세미나를 총 15회 이상 실시하며, 정보통신망을 이용한 온라인 교육을 실시하는 교육기관의 실습세미나에는 대면 방식의 세미나가 총 3회 이상 포함되어야 하며, 한 세미나에 참여하는 학생 수는 30명 이내일 것

⑤ **실습세미나 교수** : 학사, 석사 또는 박사 학위 중 2개 이상의 학위를 사회복지학 또는 사회사업학 전공으로 취득한 사람으로서 3년 이상의 사회복지학 교육경험 또는 3년 이상의 사회복지사업 실무경험이 있는 교수가 지도할 것

※ 법령이 정한 상기 기준은 모두 충족해야 하며, 미충족시 사회복지사자격증을 교부할 수 없습니다.

※ 실습지도교수 실습기관 방문 사진 부착

적절한 크기로 오려 이곳에 붙임.

(실습생, 실습지도교수, 실습지도자 함께 사진 찍은 것 부착)

실습기관 2 실습지도자 프로파일

실습지도자 프로파일

1. 인적사항

성 명		성 별	
기관명/부서		직 책	
담당 업무		전 화	
이 메 일		팩 스	
최종학력		최종학력의 전공	
사회복지사 자격번호		사회복지 총 실무경험기간	년 개월

2. 실습지도 및 실습분야 관련 주요 교육배경

교육명	주관단체	기간	수료/자격여부

3. 사회복지분야 근무경력

기관명	기간	직책	담당업무

4. 본인의 전공분야(현재 자신의 관심분야, 실천모델, 실천기술과 기법)

5. 실습지도자로서의 자신의 특성(강・약점)

6. 실습생에게 바라는 점

※ 실습지도자 경력 증명 서류

적절한 크기로 오려 이곳에 붙임.

* 주의 사항

실습지도자 경력 증명서는 실습지도자로서의 자격 기준을 증명할 수 있는 경력 기간이 표시되어야 함.

ex) 1급 자격증 소지자 : 3년 이상 실무 경력

2급 자격증 소시자 : 5년 이상 실무 경력

실습지도자 자격증 사본

적절한 크기로 오려 이곳에 붙임.

실습기관 인가증 사본

(복지시설신고증, 법인설립허가증 중 한 가지 첨부)

적절한 크기로 오려 이곳에 붙임.

실습기관 선정확인서 사본

(한국사회복지사협회 사회복지현장실습기관 등록 증명 서류)

적절한 크기로 오려 이곳에 붙임.

참고 서식 안내

서 식 명	서식에 대한 설명	기 타
[교육기관 1] 실습의뢰서	교육기관에서 실습기관에 실습을 의뢰할 때	담당교수가 작성하여 기관에 공문발송하고 1부 보관
[실습생 2] 실습신청서	실습의뢰서에 첨부하여 발송	실습생이 작성하여 담당교수에게 제출
[실습생 3] 실습생 프로파일	실습생이 직접 작성	담당교수 1부 보관, 기관에 1부 발송
[실습기관 1] 실습신청의뢰서	실습기관에서 실습생을 요청할 때 작성	실습기관에서 요청, 자료보관
[실습기관 2] 실습지도계획서	실습지도자(슈퍼바이저)가 실습계획에 관해 작성	실습지도자가 배부해 준 경우, 실습파일에 보관하여 실습종료 후 실습파일제출 때 함께 제출
[실습기관 3] 실습지도자 프로파일	실습지도자가 직접 작성	
[실습기관 4] 실습의뢰에 대한 회신	실습기관에서 실습의뢰를 받았을 경우 실습의뢰를 수락한다는 회신서	실습종료 후 실습파일제출 때 함께 제출
[실습기관 5] 실습생 출근부	실습지도자 또는 실습생이 작성	
[실습기관 6] 실습지도 기록서	실습지도자가 슈퍼비전 내용을 작성	실습종료 후 실습파일제출 때 함께 제출 (기관자체양식에 따라 달라질 수 있음)
[실습기관 7] 실습평가서	실습종결 후 실습지도자가 작성	기관 실습지도자가 도장날인 밀봉하여 담당 교수에게 직접 발송
[실습기관 8] 사회복지현장실습 교육 수료증	실습수료 후 기관에서 발급	기관에 따라 자체 양식이 있거나 없을 수 있음
[실습생 1] 실습생 서약서	실습시작 시 기관에 제출	
[실습생 2] 실습 계약서	실습시작 시 기관에 제출	기관에 따라 자체 양식이 있을 수 있음
[실습생 3] 도착신고서	실습시작 시 학생이 작성하여 학교 담당 교수에게 발송	담당 교수는 실습파일에 철하도록 함
[실습생 4] 실습일지	학생이 매일 작성	실습지도자의 확인서명 또는 도장날인이 되어있는지 담당교수가 꼭 확인하도록 하며, 진행일자별로 실습파일에 철하도록 함.
[실습생 5] 실습기관 분석 보고서	학생이 실습기관에 대해 작성	기관의 실습계획에 따라 분석보고서를 실습파일에 철하도록 함
[실습생 6] 사례관리계획서	사례관리에 대한 계획	사례관리를 실습내용으로 하는 경우에만 해당되는 자료와 기록을 작성하여 실습파일에 철하도록 한다.
[실습생 7] 사례관리 진행일지	사례관리 진행내용	
[실습생 8] 사례관리 종결보고서	사례관리 종결내용	

서 식 명	서식에 대한 설명	기 타
[실습생 9] 집단지도 계획서 (소집단용)	집단지도 진행시 학생이 작성하는 서식	각 개인별 실습프로그램에 해당되는 자료와 기록서를 실습파일에 철하도록 한다.
[실습생 10] 집단과정 일지 (소집단용)		
[실습생 11] 집단의 개별회원 분석표 (소집단용)		
[실습생 12] 집단종결기록서 (소집단용)		
[실습생 13] 프로그램계획서	프로그램 진행시 학생이 작성하는 서식	
[실습생 14] 프로그램평가서		
[실습생 15] 사회복지정책 분석보고서(정책개발 및 평가)	사회복지정책을 분석하는 서식	
[실습생 16] 사회행동, 옹호활동 보고서(사회행동)	사회행동 또는 집단옹호활동을 할 때 작성하는 서식	
[실습생 17] 홍보기획서	기관 홍보에 대한 기획안	
[실습생 18] 개별면접일지	개별 클라이언트 면접 일지	
[실습생 19] 가족상담기록서	가족상담 진행시 상담기록서	
[실습생 20] 사회조사계획서	사회조사에 대한 기획안	
[실습생 21] 사회조사진행일지	사회조사 진행에 대한 기록서	
[실습생 22] 사회조사분석평가서	사회조사 분석 후 평가기록서	
[실습생 23] 기관방문분석보고서	실습내용 중에 현재 실습기관이 아닌 다른 기관을 방문하는 경우 작성하는 분석보고서	
[실습생 24] 지역탐방보고서	조사지역에 대한 여러 가지 분석 보고서	
[실습생 25] 실습 중간평가서	학생이 실습 중간평가서와 평가서를 시기에 맞춰 작성한 후 실습지도자와 평가회를 가질 때 사용되는 양식	
[실습생 26] 실습 평가서		
[실습생 27] 사회복지현장실습 확인서	실습종료 후 실습지도자(필요시 학생이 작성)가 작성하여 실습지도자 서명, 실습기관의 직인, 실습지도교수의 서명을 모두 받음	원본은 학생이 보관, 사본 1부 실습파일에 철하도록 한다. ※양식이 매년 변경되고 있으니 변경사항이 없는지 체크한다.